ID野球の継承者 伊勢孝夫の

プロ野球スーパースターはココを見ろ!

伊勢孝夫【著】　米谷紳之介【構成】

学陽書房

はじめに

２０２０年、東京五輪イヤーがついにやってきた。

私もプロ野球ＯＢの１人として、いやそれ以前に一個人として、今季のペナントレースと侍ジャパンの戦いに胸が高鳴っている。

五輪に選ばれる選手が誰になるか、代表チームがどんな野球をするチームになるのかが楽しみなのはもちろん、セ・パ12球団が五輪を前にどう戦うのか、五輪期間の長い中断がペナントレースにどう影響するのか、目が離せない。

私も高校を卒業してプロ野球の世界に飛び込んで、50年以上の歳月が流れた。コーチ時代は野村ＩＤ野球の継承者などと言われたこともあったが、恥ずかしながら、ノムさんの下でコーチをするまでは野球を深く考えたことはなかった。何も考えずにただ来た球を打っていただけだ。私が今、野球で飯が食えるのも、ひとえにあのユマキャンプでの毎日のミーティングのおかげだ。ＩＤ野球を頭に叩き込まれて、野球への取り組み方が大きく変わった。あのときのノートは今でも大切にしている。

ノムさんには一度だけ怒られたことがある。ある日、ミーティングのときにノムさんは一番後ろに座って寝ているようだった。簡単に終わらせようとしたら、「伊勢、いい加減なミーティングするな。もっときちんと説明してやれ。そのカウントで狙わせるならどの球を打つのか。そこまで細かく言ってやれ」と言われた。惜しくも本年2月、東京五輪を前に亡くなられたが、ノムさんの打ち立てた野球理論は野球が消滅しない限り、永遠に生き続けるはずだ。

私は、現役時代から数多くのスター選手を間近に見てきた。指導者となってからも、5球団を渡り歩きながら、スターが誕生する瞬間に幾度となく立ち会ってきた。そしてその間、野茂英雄に続き、イチローや松井秀喜といったスーパースターが海を渡り、日本プロ野球の危機が叫ばれたものである。その後も、ダルビッシュ有、田中将大、大谷翔平ら日本野球の宝とも言うべき選手が続々とメジャーリーガーとなった。これからもこの流れは止まらないだろう。

しかし、私は心配していない。これから先も新たなスターが次々に誕生するはずだからだ。日本にはそれだけ広い野球の裾野と、優れた人材が育つ土壌がある。日本のプロ野球は未来永劫に渡って面白いと、私は信じている。昨年のプレミア12で優勝した日本代表のメンバーはイチローやダルビッシュや田中がいたときのＷＢＣのメンバーにもひけを取らない。世界に通用するトッププレーヤーは続々と誕生している。

本書では、現在のプロ野球を代表するスター選手について、私なりに見たこと、気づいたことを指摘させてもらった。その中の多くはオリンピックを戦う侍ジャパンのメンバーに選ばれるだろう。個々の選手の長所や魅力だけでなく、欠点や課題についても触れた。あえて手厳しいことを言わせてもらったのは、まだまだ伸びしろや可能性があると考えるからだ。彼らがその可能性を追求すればするほど、プロ野球はますます面白くなる。五輪で野球が注目されれば、野球人口は増えていくだろう。子どもたちが野球の楽しさに気づき、どんどん野球を始めてほしい。未来のスター選手たちの誕生はそこから始まるのだから。

これからも野球を愛する気持ちは変わらない。さらに盛り上がっていくはずの日本野球界をたくさんのファンの人たちとともに生涯ずっと応援していきたい。そして、本書が野球を愛する皆さんがもっと野球を楽しむためのお役に立てればこんなに嬉しいことはない。

伊勢孝夫

プロ野球スーパースターはココを見ろ！

目次

第1章 日本球界・侍JAPANを支えるスーパースター

第2章 次世代スター候補

第3章 スター監督

第1章

日本球界・侍JAPANを支えるスーパースター

押しも押されぬ史上最強のショートストップ

坂本勇人

GIANTS

6

DATA

所属
読売ジャイアンツ

ポジション	年齢
内野手	31

打率	HR	打点
0.312	40本	94点

身長	体重
186cm	85kg

投打
右投げ・右打ち

経歴
光星学院

天才的な「間」をもった男

私が巨人でコーチをした2007年に坂本勇人《はやと》は入団してきた。キャンプで彼のバッティングフォームを初めて見たときの衝撃は今でも鮮明に憶えている。

左足を高く上げて軸足に体重を乗せ、そこからゆったりとステップしていく「間」がなんとも言えず美しい。多くのバッターはこの「間」を会得しようと苦労するのだ。プロで10年メシを食ってもこれを身につけられない選手は多い。

「おい、ウッチャン、この1年坊主を見てみい。もうこんな打ち方ができるぞ」

ウッチャンとは内田順三のことである。私とはヤクルトで同じ釜のメシを食い、一緒に中西太さんに指導を仰いだ仲で、彼もまた坂本のフォームには舌を巻いた。

しかも、このフォーム、誰かに教わったものではなく、野球を始めた頃から自然に身についていたものだという。安易に天才という言葉は使いたくないが、「間」のつくり方、つまりタイミングの取り方において坂本はまさに天才だった。

1年目こそ二軍で過ごしたが、2年目からはショートのレギュラーに定着した。当初はそれまでのレギュラーだった二岡智宏と比較され、打撃力、守備力とも不安視する声があったが、はっきり言って二岡とはモノが違う。その証拠に3年目には3割、4年目には31本塁打を記録し、6年目には最多安打のタイトルを獲得した。

2019年はいよいよ40本塁打（打率・312、94打点）到達を果たし、長打力も飛躍的に進歩した。松井秀喜のアドバイスにより軸足に体重を残すフォームが完成したとも言われるが、私が見る限りフォームの基本は変わっていない。第一に、あのゆったりした大きな構えがいい。そこから体のひねりを十分きかせて左足をステップしているから、エネルギーを無駄なくバットに伝えられる。右にも長打が打てるわけだ。だから、バッターボックスで余裕をもってボールを見ることもできる。

昨年の7月に大阪ドームの練習中に顔を合わせた際、「いよいよ、おまえもホームランキング狙える選手になったな」と声をかけると、こう言って笑った。

「いえいえ、ぼくはそんなタイプの選手じゃないですよ」

もちろん、本心なのかどうかはわからない。

6 坂本勇人 GIANTS

守備の負担を減らすにはサード転向もやむなし

　順調に成長してきたように見える坂本も、最多安打のタイトルを獲った翌年から3年間は低迷した。打率は3割に遠く届かず、ホームランも10本台。本人も試行錯誤したし、監督やコーチからは足を上げる打ち方をやめて、ノーステップに近い軸回転で打つことを勧められたらしい。オフに相談されたので、私はハッパをかけた。

「アホか、そんなもん絶対に聞く必要はないぞ。おまえほどの選手だったら、自分で考えて、自分が納得する打ち方をしたらええんや」

　２０１６年に首位打者を獲ったときは、すっかり元のフォームに戻っていた。

　坂本クラスの選手に対しては、私もあれこれ言う立場にはない。もはや日本のプロ野球史上最強のショートと言ってもさしつかえない。守るだけなら吉田義男さん、広岡達朗さんという名手がいるが、守備と打撃の総合力なら、坂本のほうがはるかに上だ。

　今後、坂本が直面するのは年齢にともなう衰えだろう。まだ31歳とはいえ、ショートは内野の要と言われるだけあって、激務が求められるポジションだ。坂本の守備範囲は広い。一塁への送球も正確で、安定している。ゴールデングラブ賞3度は評価が低すぎると思う。しかし、腰痛を抱えながら、今の守備をいつまで続けられるか……。

２０１９年シーズンが終わった時点で、坂本のショートでの出場試合数は１６４６試合。これは日本歴代４位である。上には石井琢朗（１７６７試合）、鳥谷敬（１７６１試合）、吉田義男さん（１７３０試合）しかいない。つまり、ショートで２０００試合出場を果たした日本人野手は一人もいないのだ。

順調なら今シーズン中に通算２０００本安打は達成されるはずだ。30代後半までプレーすれば、張本勲さん以来の３０００本安打も視野に入ってくる。後釜の問題はあるが、守備の負担を減らすためにはサード転向はやむを得ないだろう。

チャンスに強い巧打者、
2年連続MVPプレーヤー

丸 佳浩

GIANTS
8

打線に厚みと刺激を与えた「丸効果」

巨人の5年ぶりのリーグ優勝の立役者の一人が丸佳浩《よしひろ》であるのは衆目一致するところだ。FA補強がヘタな巨人には珍しい成功例と言えよう。

最大の「丸効果」は打線に核ができたことである。2年連続セ・リーグMVPの丸を三番に入れ、二番の坂本勇人と並べたのが正解だった。2人とも選球眼に優れ、長打力もある。おまけに足もある。バッターとしてだけでなく、ランナーとしても気を配らなければいけないから、相手バッテリーには相当ストレスを与えることになる。四番の岡本和真が好調なら、あるいは五番が固定できていたら、打線の破壊力はさらに増したはずだ。

もう1つの「丸効果」は彼の野球に取り組む姿勢である。もともと広島と言えば、練習量の豊富さには定評がある。しかし、その中でも別格なのが丸だった。

DATA

所属		
読売ジャイアンツ		
ポジション	年齢	
外野手	30	
打率	HR	打点
0.292	27本	89点
身長	体重	
177cm	94kg	
投打		
右投げ・左打ち		
経歴		
千葉経大付		

彼はデビュー前から一軍に帯同しており、試合前の練習熱心さには当時ヤクルトのコーチだった私も一目置いていた。「シュー、シュー」と、息を吐き出しながら、延々とティーバッティングを続けるのだ。その姿を見て、ベンチの選手に声をかけた。

「よく見とけよ。こいつは今に必ずレギュラーになるから。おまえたちも本気で試合に出たいと思うんだったら、このぐらいやらなアカンぞ」

こうした日々の練習と、一軍の試合経験を積み重ねることでたどり着いたのが、今のフォームだろう。

バットを寝かせてオープンスタンスに構え、大きく足を上げながら、タイミングを取るのだが、同時にバットのグリップを下げるのが特徴だ。野球用語で言う「ヒッチ」である。ヒッチの動作は始動の遅れにつながるという理由から否定的にとらえる人も少なくないが、私は本人がこれでタイミングが合うなら問題ないと考えている。丸の場合は軸足で上手に間合いをつくって、そこから右足をしっかり踏み込んでいるため、それが力強いレベルスイングにもつながっている。

低めのボールに手を出さないのも丸の強みだ。とりわけフォークやチェンジアップなどのボール球を振らないことでフォアボールを稼いでいる。２０１８年の１３０四球、出塁率・４６８は驚異の数字だ。

8 丸 佳浩 GIANTS

ヤマが外れた短期決戦

丸を語る上で「丸ノート」の存在は欠かせない。今やどの球団でも、その投手がどんな球種をもっているか、カウント別・状況別にどんなボールを投げてくるかといった詳細なデータがスコアラーから上がってくる。丸はそれとは別に、自分がバッターボックスに立って感じたことをメモしているようだ。自分の感覚でしかわからない間合いや球筋を大事にしているのだろう。それが次の対戦で狙い球を絞ることにもつながっている。

つまり、完全なヤマ張りタイプなのだ。だから三振も多い。規定打席に達したシーズンはほとんど１００個以上の三振を喫しており、２０１８年に至っては四球の数と同じ１３０三振（この年のセ・リーグ最多）。選球眼に優れているにもかかわらず、これだけの三振を喫しているのは、たとえ追い込まれても、ヤマが外れたら三振しても構わないと割り切っているに違いない。事実、丸がチャンスで甘いコースを見逃して、あっさり三振する場面をよく見かける。

シーズントータルでは好成績を残しているが、クライマックスシリーズ、日本シリーズの成績は芳しくない。39本塁打を放った２０１８年のソフトバンクとの日本シリーズでは25打数４安打、12三振とすっかりブレーキになってしまった。短期決戦で狙い球を絞る

のは悪いことではない。問題はその精度を上げることだ。誰が見ても走攻守揃った一流選手であるだけに、大一番での活躍がさらに選手としての格を上げることになる。

厳しい採点をすると、移籍1年目の成績はギリギリ及第点。前年と比べると、打撃3部門とも数字を落としている（打率・306→・294、本塁打39→27、打点97→89）。巨人というプレッシャーの多いチームでの真価が問われるのは2年目だ。

あえて分類すれば丸は努力型、坂本は天才型で、どこか王・長嶋のコンビを思わせる。2人が切磋琢磨すれば巨人の黄金時代も夢ではない。

先発完投が当たり前のスーパーエース

菅野智之

GIANTS

18

DATA

所属	
読売ジャイアンツ	
ポジション	年齢
投手	30

防御率	勝負	奪三振数
3.89	11勝 6敗	120

身長	体重
186cm	92kg

投打
右投げ・右打ち
経歴
東海大相模 - 東海大

驚異の制球力と「集中力の持続」

菅《すが》野《の》智《とも》之《ゆき》というピッチャーの素晴らしさはWHIPに顕著に見てとれる。WHIPは「（与四球数＋被安打数）÷投球回数」という数式で導かれるもので、要するに1イニングあたりどれだけの走者を許したかを示す数値だ。一般に先発ピッチャーで1・2以内なら合格と言っていい。

菅野のWHIPの数値が一番良かったのは2017年の0・86。このシーズンは17勝5敗で防御率も1・59という文句なしの成績だった。この数値がいかに特筆すべきものであるかは他のピッチャーと比べるとわかりやすい。21世紀に入って、菅野より上なのはダルビッシュ有しかいない（2007年、2011年に0・83）。24勝無敗だった2013年の田中将大でさえ0・94、21勝4敗という圧巻の成績を残した2008年の岩隈久志も０・９８だった。

ＮＰＢ時代のダルビッシュが力で打者をねじ伏せていたのに対し、菅野の身上はコントロールだ。単にフォアボールを出さないというだけでなく、ストライクゾーンの四隅にきっちり投げ分けられる高い制球力がある。バッターが一番手を焼くのは外角の低めなのだが、おそらく菅野は10球投げたら、8〜9球はここに投げられるのではないか。一軍レベルのピッチャーでさえ、ここに４、５球投げられたら上出来なのだから、菅野の凄みが分かる。

さらに菅野が抜きん出ているのは集中力を持続させられる能力だ。どんな好投手であっても１００球以上投げれば、甘く入るボールは何球かある。しかし、菅野は9回を投げてもそうした失投が極めて少なく、それが２０１８年の「15勝（８敗）、10完投、８完封」という今の時代では考えられない成績につながった。前年が「６完投、４完封」だから、２年連続沢村賞は万人が納得するところだろう。

球種は最速１５０キロ超えの真っすぐを軸に、スライダー、シュート、カットボール、ツーシーム、フォークと多彩だ。中でも伝家の宝刀と言えるのはスライダー。真っすぐと同様に外角低め、それもベースの角をかすめるような精度の高いボールを投げる。すべての球種でボール1個分どころか半個分の出し入れができるという意味では稲尾和久さんに似たタイプだ。ちなみに稲尾さんの一番良かったシーズンのＷＨＩＰは０・８５である。

18 菅野智之 GIANTS

体を絞り込んで、キレを取り戻せ

菅野のベストピッチと言えるのは２０１８年、クライマックスシリーズでのヤクルト戦だろう。１１３球を投げ、許した走者１人のノーヒット・ノーラン。しかし、決して手も足も出ないという投球ではなかった。のらりくらりと変化球でかわしたり、一変して真っすぐで押すピッチングをしたりと、ヤクルト打線に的を絞らせないのだ。

奪三振は７個と少ない。ここぞという場面で狙って三振を取りに行った。７回二死で山田哲人に四球を与えて完全試合を逃すと、次のバレンティンに対しては一段ギアを上げて勝負。最後は外角のボールになるスライダーで空振りを奪った。

私がバッティングコーチだったら、菅野を攻略するには狙い球をスライダーに絞る。スライダーを捨てて他の球種に絞る手もあるが、菅野ほどのピッチャーになれば、スライダーに手を出さないと気づけば、どんどんスライダーでカウントを稼いでくるはずだ。菅野を見ていると、インサイドをえぐるようなシュートやツーシームは意外に少ない。しっかり外に踏み込んでスライダーを狙うべきだ。それも逆方向に打つというより、センターに強く打ち返すくらいの気持ちで叩いたほうがいい。

さて、この数年、難攻不落のイメージがあった菅野が２０１９年シーズンは大きく沈

んだ。２ケタこそ勝ったものの、規定投球回数には足りずに防御率３・８９、ＷＨＩＰは１・２５と、並みのピッチャーに成り下がってしまった。

ピッチングの不調や腰痛の原因はどう見ても自己管理の甘さにある。広岡達郎さんも指摘しているように、あのたるんだ体形を見る限り、しっかり鍛えていないのは明らかだ。ピッチングどころか、動きそのものにキレがない。私が沖縄キャンプに行ったときも、夜遊びをしている菅野の姿を度々目撃した。まだ30歳。老け込む年齢ではない。余計なお世話かもしれないが、そろそろ身を固めてもいい時期だろう。

21世紀最強の「打てるキャッチャー」

阿部慎之助

GIANTS

80

DATA

所属		
読売ジャイアンツ		
現職	年齢	
二軍監督	40	
打率	HR	打点
0.297	7本	27点
身長	体重	
180cm	97kg	
投打		
右投げ・左打ち		
経歴		
安田学園 - 中央大		

「打ち損じない打撃」を生んだ技術と読み

「常勝チームに名捕手あり」とはプロ野球界でよく知られた名言である。巨人のV9時代には森祇晶《まさあき》さんがいたし、鶴岡一人《かずと》監督時代の南海を支え、やがてはプレーイングマネージャーまで担ったのがノムさんだ。西武の黄金期には伊東勤《つとむ》、90年代の野村ヤクルトには古田敦也がいた。落合博満が牽引した中日でマスクを被ったのは谷繁元信だった。

こうした名捕手の系譜に割って入るのが阿部慎之助《しんのすけ》である。何しろ阿部が入団した2001年から現役を終える2019年までの間に、巨人は8度のリーグ優勝を果たし、3度の日本一に輝いている。Bクラスはわずか3回しかない。

しかも、打てる名捕手となると、プロ野球の70年を超える歴史を見ても数えるほどしかいない。普通、キャッチャーは下位を打つのが当たり前。打率にして2割5分も打てば合格ラインだ。阿部の先輩で、現役時代に11回の日本一を経験し「V9の頭脳」と称された森さんも通算打率は・236である。

捕手としてリーグ優勝を5回以上経験し、通算2000本安打を達成した選手となると、ノムさん、谷繁、古田、阿部とわずか4人。さらに通算400本塁打以上というフィルターをかけると、ノムさん（657本）と阿部（406本）の2人しかいない。「打てるキャッチャー」、それも「長打を打てるキャッチャー」はそれほど貴重な存在なのだ。打線を組む上で大きなアドバンテージとなる

阿部のバッティングの長所は柔らかさにある。とりわけヒザの使い方だ。どんなコース、どんな球種にも対応できるバットコントロールは天才的とも言っていい。インコース寄りの甘いボールはきれいにライトスタンドに運ぶし、厳しいコースのボールを払うように打ってヒットにしてしまう技術もある。

ピッチャーのリードを学ぶ過程で、自分に対する配球を読むことも年々うまくなった。私が巨人でコーチをした2007年にはヤマ張りの腕前は相当なものになっていた。一般に読み通りのボールが来ても打ち損じるバッターは多い。しかし、阿部は打ち損じが極めて少ない。それは思い切りのよさに加え、常に冷静さを保てていたからだ。

強肩でキャッチングもうまい。私は巨人軍史上最強のキャッチャーだったと思う。

80 阿部慎之助 GIANTS

原の次は阿部、名監督となれ

まだ1年や2年は現役を続けられたと思うのは、私だけではないだろう。肉体的に衰えたとはいえ、ツボにハマったときの長打力はさすがと思わせた。代打だけでなく、一塁手のスーパーサブ、あるいは非常時のキャッチャーの役目を担うこともできた。阿部がベンチに控えているだけで、相手チームには無言のプレッシャーを与えたはずだ。

しかし、余力を残してユニフォームを脱ぐのは阿部なりの美学でもあるのだろう。今シーズンからは二軍監督である。誰が見ても将来の監督を想定した人事であるのは明らかだ。松井秀喜にその気がないのだから、「原の次は阿部」が既定路線に違いない。

では、阿部に監督の資質はあるのか。私は「ある」と断言する。

まず、キャッチャー出身の強みがある。9つあるポジションのうち、ネット裏の観客に背を向けグラウンド全体を見渡しているのはキャッチャーだけだ。しかも、ピッチャーの配球を考え、ときには守備位置の指示も出す。

つまり、現役時代から監督修行をしているようなものだ。さらに、人望やリーダーシップがあるのは引退発表後、選手全員が阿部の背番号「10」のTシャツを着て練習していた姿を見ればわかる。

選手へのアドバイスも積極的に行っていた。中川皓《こう》太《た》がサイドハンド気味の投げ方で成功したのも阿部のアドバイスがあったからだし、不調だった丸佳浩にツイスト打法を勧めたのも阿部だ。ツイスト打法とは打つ瞬間に腰を逆方向にひねる動きで、阿部が体の開きを抑えることを目的に導入した打ち方である。

私は勝利試合で得た自分の報奨金で、バッティングピッチャーや用具係ら大勢の裏方さんを連れて焼き肉屋に行く阿部の姿を何度も見た。2次会にも行くから、一晩で何十万と使っていたはずである。こうした気配りができるところも指導者に向いている。

フルスイングで観客を沸かす小さな長距離砲

吉田正尚

大学時代から光った、球界屈指のスイングスピード

私がヤクルトの二軍コーチをしているときに、青山学院時代の吉田正尚《まさたか》のバッティングを目の前で見たことがあった。練習試合でヤクルトと青学の野球部が試合をしたのだ。どっちが勝ったのか、試合経過はまるで覚えていないが、吉田がヤクルトのピッチャーから右中間に特大のホームランを打ったのだけははっきり覚えている。

「この小さい選手は誰や？　スイングがめっぽう速いやないか。こんないい選手、ヤクルトは指名する気はないのか」

周囲にいたヤクルト関係者にそんな進言をしたのだが、結局、吉田が指名されることはなかった。吉田を単独で1位指名したのはオリックス。ヤクルトは高山俊（阪神）を外して、外れ1位で原樹理を指名した。「たられば」でものを言ってはいけないのだろうが、もし

Buffaloes

34

DATA

所属		
オリックス・バファローズ		
ポジション	年齢	
外野手	26	
打率	HR	打点
0.322	29本	85点
身長	体重	
173cm	83kg	
投打		
右投げ・左打ち		
経歴		
敦賀気比 - 青学大		

ヤクルトが吉田を指名していれば、今ごろは破壊力抜群の打線が形成されている。一方、吉田のいないオリックス打線を想像すると、あまりに寒すぎる。ドラフトはかくも難しいということだろう。

吉田の魅力はなんといっても、見ていて気持ちいいほどバットを振り切るフルスイング。スイングスピードも超一級品で、ソフトバンクの柳田悠岐と遜色ない。私も数多くの豪打者、強打者を見てきたが、あれだけバットを振れる選手はそうそういない。あの豪快なスイングから放たれた打球が京セラドームに飛び込む光景は、それだけでファンを魅了する。要するにゼニの取れるスター選手ということだ。

しかし、吉田は狙ってホームランを打つタイプではない。しばしばホームランバッターはヒットの延長がホームランという表現をするが、彼の場合はちょっと違う。ツボに来たボールをフルスイングした結果がヒットになることもあれば、ホームランになることもあるというタイプだろう。

追い込まれて、外角の変化球に泳がされても、右手一本でヒットにすることがある。これも右手で巧みに拾うというより、フルスイングして右手一本でバットにボールをぶつけたという感じ。これも並外れたスイングスピードの成せるワザだ。パ・リーグを代表するパワー系のピッチャーにとっても、吉田のフルスイングは脅威だろう。

34 吉田正尚 Buffaloes

最下位の3割2分より、優勝チームの2割8分

今や球界を代表する強打者と言っていいが、プロ入りして2年間はケガに泣いた。持病の腰痛により幾度か戦線離脱を余儀なくされ、シーズンの半分も試合に出ていない。プロ野球ファンの多くも吉田というバッターの凄みを知らなかったわけだが、1年目のオフに台湾で行われたアジア・ウィンター・リーグに参加すると、18試合に出場し、打率・556、6本塁打、29打点と打ちまくって格の違いを見せつけた。

その実力が発揮されたのが、2018年、2019年だ。いずれのシーズンも全試合に出場し、打率3割2分以上、ホームラン25本以上の数字を残した。

吉田の大きな長所はあれだけフルスイングしながら、三振が少なく、フォアボールが多いことだ。だから、高い打率と出塁率をキープできている。通算で9割を超えているOPS（出塁率＋長打率）は一流のバッターの証しだ。私が思うに、配球を読み、ヤマを張るタイプではない。しっかりコースや高低を見極め、自分のゾーンに来たボールに確実にコンタクトするタイプだ。長距離打者としてのスケールは違うが、王さんに近いと言えるかもしれない。

問題は故障だろう。173センチ、83キロと、プロの規格からすれば小柄である。あ

の全身を使ったフルスイングは腰だけでなく、手首に支障が出てもおかしくない。聞くところによれば、打ち込みの量でフォームをつくっているわけではないらしい。ウエイトトレーニングを含め、自分流の練習スタイルがあるのだろう。

もう1つの課題は優勝争いの中で、どれだけの数字を残せるかだ。最下位の3割2分より、優勝チームの2割8分に価値を置くのがこの世界である。毎日、プレッシャーのかかる中で今の成績が残せたらホンモノだ。プレミア12では結果を残せなかったが、東京五輪では侍ジャパンの中心を担うべき選手である。この大舞台で結果を残せば、さらに一段上のレベルの選手になるはずだ。いや、なってもらわないと困る。

伝説の豪腕投手に迫る 「奪三振マシン」

則本昂大

EAGLES
14

DATA

所属	
東北楽天ゴールデンイーグルス	

ポジション	年齢
投手	29

防御率	勝負	奪三振数
2.78	5勝 5敗	67

身長	体重
178cm	82kg

投打
右投げ・左打ち

経歴
八幡商 - 三重中京大

球種は少ないが、どのボールも威力十分

初めて則本昂大《のりもとたかひろ》を見たときに感じたのは、投げっぷりのよさだった。いかにも向こうっ気の強そうな面構えもいいし、スリークオーターから思い切り腕を振って投げ込んでくるフォームも力感にあふれている。

新人だった2013年、チームはいきなり日本一になった。24勝無敗の田中将大《まさひろ》ばかりが注目されたが、則本の獅子奮迅の働きがなければ、楽天の快進撃はなかった。当時、ノムさんが「俺が監督したときにも、則本のようなピッチャーを獲ってくれていたら」とボヤいた気持ちはよくわかる。15勝8敗で文句なしの新人王。ドラフト2位でこんなイキのいいピッチャーを獲得できた楽天は幸運だった(1位は森雄大《ゆうだい》)。

則本というと、常に全力投球で投げているイメージがあるが、新人の頃から、ただ闇雲

に力いっぱい投げるピッチャーではなかった。抜くべきところと、ギアを一段階上げて投げるべきところを心得ていた。わずか1年だけであったが、チームの先輩・田中将大に学んだところもあったのかもしれない。

ピッチングの組み立ての軸となるのは最速１５８キロを記録したストレート。コントロールもよく、外角低めにズバッと投げることができる。ノムさんがよく口にする「原点能力」が高いということだ。この精度の高いストレートに、フォークボールとスライダーを加えた3つの球種が武器である。

ピッチングが少し変わったなと思ったのは、２０１７年のシーズン。フォークより落差が小さいスプリットを投げ始めたのである。これをインサイドに投げて、ピッチングの幅を広げた。もともと則本にはシュートやツーシームといった右バッターをのけぞらせる変化球がなかっただけに、効果はてきめんだった。内角のスプリットを意識させることで、外角のストレートがますます威力を増したのである。

このシーズンの則本はまさに「奪三振マシン」だった。世界記録更新こそ成らなかったが、8試合連続2ケタ奪三振の日本記録を達成。シーズン奪三振も２２２個と自己最多で、4年連続奪三振王。翌年も同タイトルを獲得し、5年連続奪三振王。これは江夏豊、鈴木啓示（ともに6年連続）といった伝説のピッチャーに次ぐ大記録である。

14 則本昂大 EAGLES

ルーキー時代から投げ続けた勤続疲労の不安

デビュー以来、ずっと順調だった則本が２０１８年は精彩を欠いた。2ケタ勝利こそ上げたものの、防御率３・６９、被本塁打18本、与四球51といずれも自己ワースト。それでもリーグ最多となる１８０イニングを投げたのは立派だが、勤続疲労は明らかだ。

開幕戦で１５０球を投げたのをはじめ、１３０球以上投げた試合が4度もあった。こうした疲労の蓄積が翌年３月の右ヒジの損傷になって表面化した。突発的なものではなく、慢性的な損傷だという。結局、復帰は夏まで待たなければならなかった。

万全の状態であれば、侍ジャパンの一員として東京五輪に参加して当然のピッチャーである。問題はその使われ方だ。監督の小久保裕紀の考えもあって、２０１５年のプレミア12でも、２０１７年のＷＢＣでも中継ぎだった。どちらも好投したとは言いがたい。とりわけプレミア12の準決勝だ。イニングをまたいで投げて最終回に韓国打線につかまり、次の松井裕樹、増井浩俊《ひろとし》も勢いを止められずサヨナラ負けを食らった。

ベンチは、第2回ＷＢＣで大会途中から抑えに転向させて成功したダルビッシュ有《ゆう》のような役割を期待したのだろうが、先発ピッチャーがシーズン中に、経験のない中継ぎ、抑えで投げるのは容易ではない。則本のように回を追うごとにギアが入っていくタイプは、

やはり先発向きだ。ただ、オリンピックは登録人数がＷＢＣやプレミア12より4名少ない24名なので、ロングリリーフを含めたジョーカー的役割を担わされるかもしれない。

ところで、メジャー志向だと思っていた則本が楽天と異例の7年契約（ソフトバンクの松中信彦以来）を結んだのには驚いた。契約が終了したときは35歳だから、メジャー挑戦は完全に封印したと考えていいだろう。どうやら日の丸を背負って東京五輪で金メダルを獲るのが夢でもあるらしい。もともと意気に感じて投げるタイプだ。則本を生かすも殺すも稲葉篤紀の起用法にかかっている。

ベテランとなっても 進化を続ける精密機械

岸 孝之

古くて新しい球種、カーブこそが彼の生命線

近年、「フライボール革命」が話題になっている。詳細なデータ分析が進み、打者ごとに極端な守備位置が敷かれるメジャーでは、それまで内野手の間を抜けていたゴロが捕球されるようになってしまった。ツーシームやカットボールなど、ゴロを打たせる球種が全盛だからでもある。ボールを上から叩いてゴロを打つのではなく、アッパースイングで内野の頭を超える打球を狙おうというわけだ。

当然、ピッチャーサイドも考える。アッパースイングではとらえにくい高めのストライクゾーンや、カーブなど縦の変化球が見直されているらしい。

少し前置きが長くなったが、私はメジャーに限らず、日本でもカーブは非常に有効な球種であると考えている。何より投げるピッチャーが少ない。カーブと言ってもいわゆる曲

EAGLES

11

DATA

所属		
東北楽天ゴールデンイーグルス		
ポジション	年齢	
投手	35	
防御率	勝負	奪三振数
3.56	3勝 5敗	86
身長	体重	
180cm	77kg	
投打		
右投げ・右打ち		
経歴		
名取北 - 東北学院大		

がりの小さいションベンカーブではなく、落差の大きい本格的なカーブである。リリースされた直後に一瞬浮き上がるような軌道を見せ、打者の手元に来てキュッと落ちるのだ。目線が上下に動かされるため、なかなかタイミングを合わせるのが難しい。

現在、こうしたキレのあるカーブを投げられる数少ないピッチャーが岸孝之《たかゆき》である。決め球にもなるし、カウントを稼ぐ球にもなる。あるいは決め球の前に投げる〝邪魔な球〟にもなる。邪魔な球とは、打者にその球種を意識させることによって、本来のバッティングをさせなくするボールのことだ。

岸のカーブが一躍脚光を浴びたのは２００８年の西武対巨人の日本シリーズだった。

巨人の２勝１敗で迎えた第４戦、岸はストレートとカーブのコンビネーションで巨人打線を翻弄し、史上初の「日本シリーズ初登板初完封・毎回奪三振」まで達成してしまった。中２日となった第６戦もリリーフで５回３分の２を完璧に抑え、シリーズのＭＶＰにもなった。岸は必ずしもカーブばかりを多投するピッチャーではない。しかし、相手打線の反応を見ながら、カーブを勝負球として選択したのだろう。巨人の各打者はシーズン中に見たことのないカーブの前にすっかり面食らったようだった。

岸のピッチングを見て今さらながら思うのだが、「緩急」と「高低」を有効に使えるカーブは配球をずいぶん楽にしてくれる。

11 岸 孝之 EAGLES

「ガラスのエース」の汚名を返上せよ

岸の素晴らしさはカーブだけではない。チェンジアップ、スライダー、スプリットといった変化球を投げるが、ピッチングの組み立ての軸となっているのはあくまでストレートだ。34歳の今はせいぜい１４０キロ台中盤のスピードだが、回転がいいのだろう。手元で伸びるため、バッターが差し込まれたり、振り遅れたりするケースが少なくない。

しかも西武から楽天に移籍してから、球威が増したようにも見える。２０１７年は奪三振率が９・６５と、初めて奪三振が投球回数を上回った。翌年も投球回数と同じ１５９個の三振を奪っている。

もちろん、岸がこれだけの三振を奪えるのはストレートに威力があるからだけではない。どの変化球も精度が高く、しかもコントロールがいいからだ。

腕の振りがしなやかで、体のバネを感じさせる躍動感がある。ピッチャーのお手本と言ってもいいほど美しいフォームから投じられたボールが、キャッチャーの構えたミットに吸い込まれるように収まる。制球力という点では巨人の菅野智之と双璧ではないか。ちなみに防御率１位（２・７２）となった２０１８年の与四球はわずかに29。１試合あたり１・６４だ。これだけのコントロールがあれば、キャッチャーはリードが楽だ。

プロ入り13年間で125勝84敗。通算防御率3・02。2ケタ勝利が8回あるのだから、ローテーションピッチャーとしての役割をきっちりこなしている。安定感抜群ではあるが、大勝ちしたシーズンがないのが寂しい。

また、国際試合での活躍がないことも残念だ。2009年のWBCでは代表候補に選ばれながら、調子が上がらず最終メンバーから漏れた。2019年のプレミア12は発熱で出遅れ、先発した韓国戦で打ち込まれた。メジャー挑戦をしないのも、メジャー球にはなじめないからだという。私にはひ弱な「ガラスのエース」のイメージがある。

国際試合にも強い、日本の「勝負師」

浅村栄斗

EAGLES
3

DATA

所属	
東北楽天ゴールデンイーグルス	
ポジション	年齢
内野手	29

打率	HR	打点
0.263	33本	92点

身長	体重
182cm	90kg

投打
右投げ・右打ち

経歴
大阪桐蔭

得点圏での打ち方を熟知している

プロ11年のキャリアで打点王2回（２０１３年１１０打点、２０１８年１２７打点）。これが浅村栄斗《えいと》というプレーヤーの魅力を端的に物語っている。ひと言で表現するなら「勝負強い」。これはプロの打者としての最大の褒め言葉とも言えるだろう。ホームランを量産しても試合に負けたのではその価値は半減する。大事なのは試合に勝つこと、シーズントータルで見れば優勝することである。バッターに問われるのは、チャンスで勝負を決める一打を放てるかどうかなのだ。打点の多さはその指標の1つと考えていい。

西武から楽天に移籍した２０１９年は打率こそ・２６３と精彩を欠いたが、それでも自己最多となる33本塁打をマーク。そして、持ち前の勝負強さを見せたのがソフトバンクと対戦したクライマックスシリーズのファーストステージだった。

チームは1勝2敗で敗退したが、浅村自身は12打数6安打、4本塁打、7打点と気を吐いた。初戦で千賀滉大から2本塁打を放つと、第2戦ではバンデンハークから、第3戦では高橋礼からと、球界を代表するピッチャーから打ったのも評価できる。しかも打球は4本中3本が右方向だった。

プレミア12でも勝負強さは際立った。7試合に出場して、打率・３６０、6打点。勝負どころの一打でチームを何度も救い、今や侍ジャパンには欠かせないプレーヤーだ。

浅村はホームランバッターというより中距離ヒッターである。ここ2年はホームランが30本を超えたが、二塁打の数が２０１３年（38本）、２０１６年（40本）と2度リーグ最多を記録しているあたりに浅村らしさが出ていると考えるべきだ。

ファーストストライクから積極的に打っていく豪快なフルスイングに目を奪われがちだが、左足をゆったり上げ、しっかり自分の間合いでミートしている。

だから広角に強い打球を打てるし、ランナーの状況やカウントに応じてスイングを変えている。犠牲フライでいいから最低1点がほしいときにはコンパクトにスイングし、ホームランを狙っていい場面では思い切り振っている。あるいは狙い球を絞って打つこともあれば、打球方向を決めて打席に立っていることもある。得点圏での打ち方を知っているのだ。つまり、野球センスに優れた、クレバーなバッターと言えよう。

3 浅村栄斗 EAGLES

三番・浅村を活かせる打順が組めるか

２０１８年オフ、ＦＡ宣言した浅村獲りに参戦し、競合したのはソフトバンクと楽天だった。4年28億円を提示したソフトバンクを蹴って、4年20億円の楽天を選んだという報道を見たときは、なかなか気概のある男だと思ったものだ。常勝球団より弱小球団に入って、自分の力でチームを優勝させられるとしたら、これはプロ野球選手冥利に尽きる。

ところが、実際に楽天が浅村に提示したのはソフトバンク以上、4年36億円とも言われる破格の内容だった。つまり浅村はＮＰＢ史上ナンバーワンの高給取りなのだ。もちろん、それを否定するつもりはない。お金はプロ野球選手にとって最もわかりやすい自分への評価である。それより、あれだけ選手層の厚いソフトバンクに浅村が入ったら、ペナントレースへの興味は半減していた。戦力バランスを考えれば、楽天でよかった。

楽天移籍後の浅村は92打点。前年より35打点少ない。これは前後を打つバッターの影響もある。西武にいた頃は出塁率の高い秋山翔吾、足が速く、つなぎのバッティングができる源田壮亮《そうすけ》が前を打っていた。楽天は一番の茂木はともかく、二番に人材がいない。得点機で打席に立つ機会は必然的に少なくなる。

さらに西武では浅村の後ろには森友哉《ともや》、山川穂高《ほたか》、中村剛也《たけや》という強打者が控えていた

から、浅村が勝負されたケースは多い。しかし楽天で浅村の後ろを打つのは、四番のジャバリ・ブラッシュ。33本塁打と長打力はあるが、穴は多いし、好不調の波も大きい。たとえば、二死二塁の場面なら相手バッテリーは浅村よりブラッシュとの勝負を選ぶだろう。それが浅村にとって自己最多となる93四球（敬遠9）という数字に表れている。浅村の良さを活かすも殺すも前後を打つバッター次第ということだ。

　セカンドの守備には安定感がある。念願のゴールデングラブ賞も受賞した。しかし菊池涼介や山田哲人がいる侍ジャパンでは、ファーストが定位置となるのはやむを得ない。

侍ジャパンの未来を担う ナンバーワン左腕

今永昇太

往年の名投手を思わせるインサイドの真っすぐ

両リーグを見渡して、現在、最も勢いのあるストレートを投げているのが今永《いまなが》昇《しょう》太《た》だろう。右バッターのインコースにズバッと決まったボールなど惚れ惚れする。これまでＤｅＮＡはドラフト1位で濵口遥大、東克樹と即戦力のサウスポーを積極的に獲って成功しているが、エースは文句なしに今永だ。東京五輪や次のＷＢＣでは、侍ジャパンの左のエースになってもらわなくてはいけないピッチャーである。

プロ4年目。1年目から8勝、11勝と順調に勝ち星を伸ばしたと思ったら、3年目の２０１８年に4勝11敗。それまで2点台だった防御率も６・８０と急降下。本人にしかわからない肉体的な違和感があったのか、フォームの微妙な崩れがあったのか……。いわゆるスランプに陥った。しかし、オフの過ごし方がよかったのだろう。オーストラアのプロ

BAYSTARS

21

DATA

所属
横浜 DeNA ベイスターズ

ポジション	年齢
投手	26

防御率	勝負	奪三振数
2.91	13勝7敗	186

身長	体重
177cm	82kg

投打
左投げ・左打ち

経歴
北筑 - 駒沢大

リーグに参加すると、6試合に先発し4勝無敗、防御率0・51という圧巻の成績を残した。35回を投げ、57奪三振。四球1だからコントールもよくなった。

明けた2019年は前シーズンとは別人だった。フォームがコンパクトになり、軸が安定した印象だ。しかも腕がしなるように振れている。まったく力みのないフォームから回転のいい真っすぐが気持ちよくキャッチャーのミットに収まるようになったのだ。

今永の魅力は冒頭で述べたように、右バッターのインコースへの攻め方である。現在、インコース勝負のできる先発左腕は少ない。たいていは外のスライダー、あるいはスクリューボールのような変化球を決め球にしている。だから、バッティングコーチも「インサイドの真っすぐは1打席に1球あるだけ。それは捨てて、外角のボールを引っ張り込んで、センターに抜けるような打球を打て」と指示することになる。

それが3年ほど前から少し変わってきた。広島のクリス・ジョンソンがインコースにカット系の真っすぐを投げて成功した影響が大きかったと思う。このボールを日本のバッターは攻めあぐねた。ジョンソンは勝ち星を重ね、沢村賞まで獲得してしまった。

しかし、昔の一流のサウスポーは一様に、右バッターへはインサイド攻めが基本だった。金田正一さん、梶本隆夫さん、江夏豊、鈴木啓示……。その意味では、今永は昔ながらの左腕エースを彷彿させるものがある。

21 今永昇太 BAYSTARS

終盤の失速はスタミナ不足か、メンタルの弱さか

今永の2019年の成績は13勝7敗、防御率2・91、186奪三振。いずれもキャリアハイの成績ではあるが、私にはもの足りない。勝ち星がリーグ2位、防御率が3位、奪三振が2位。夏頃までの勢いなら、投手部門のタイトルを総なめにしてもおかしくなかっただけに残念でならない。

9月10日には巨人との首位攻防戦で、6回に岡本和真《かずま》に左中間に特大の一発を浴びて逆転負け。それまで岡本に対してはインサイドの真っすぐ中心の配球で10打数1安打5三振と牛耳っていたことを思えば、初球の甘いチェンジアップは悔やまれる1球だった。さらに、シーズンの最終盤に2試合連続で7失点したのも気になるところである。この2試合をしっかり抑えて勝ち星を伸ばし、防御率をよくしていれば、投手タイトルの1つや2つは手にしていたはずだ。ピッチャーもバッターも、タイトルは獲れるときに獲っておかないと、生涯無冠に終わることになる。

終盤の失速の原因は何だったのか。

シーズン通して投げた疲労の蓄積はあっただろう。170イニングはプロ入り以来、最多投球回数である。あるいは優勝に手が届かなくなったことによるモチベーションの低

下なのか。メンタルの弱さなのか。オフにオーストラリアへ武者修行に出るといった強い向上心はある。しかし、その一方で壁にぶつかったときに、とことん悩み抜く生真面目なタイプなのかもしれない。

　阪神とのクライマックスシリーズでは救援に回った。短期決戦を継投策で乗り切ろうとしたラミレスの戦術でもあったのだろうが、本来、今永は1試合を任せてしかるべきエースピッチャーである。彼の課題は絶対に負けられない試合で、先発して勝つことだ。プレミア12のメキシコ戦で見せた快投を、ぜひとも今後の糧にしてほしい。

三冠王も視野に入った、侍ジャパン不動の四番

鈴木誠也

懐が深く隙が見当たらない、剣豪の雰囲気

いささか古めかしい表現になるが、昨年のプレミア12で〝男を上げた〟プレーヤーが鈴木誠《せい》也《や》だ。韓国との決勝戦を含む全8試合で四番に座り、打率・478、3本塁打、12打点。文句なしのMVPである。坂本勇人、吉田正尚、山田哲《てつ》人《と》ら調子が上がらなかった選手が多かっただけに、その存在は嫌でも目立った。

鈴木がいなければ、日本チームの10年ぶりの世界一もどうなっていたか分からない。故障がない限り、東京五輪でも間違いなく彼が四番を打つだろう。

私は鈴木がバッターボックスでピッチャーと相対しているときのたたずまいに惹かれる。調子がいいときの鈴木は、まるで無駄な力が一切入っていないようにスッと立って、バットを構えている。懐が深く、隙がない。剣豪のような風格とでも言うのだろうか。相

Carp

1

DATA

所属		
広島東洋カープ		
ポジション		年齢
外野手		25
打率	HR	打点
0.335	28本	87点
身長		体重
181cm		96kg
投打		
右投げ・右打ち		
経歴		
二松学舎大付		

手が容易には切り込むことができない雰囲気がある。おそらくマウンドのピッチャーにすれば、どこに投げても打たれるような気がするのではないか。

スイングスピードは球界屈指であり、足を上げて、ボールを自分が打てるポイントまで引き付けて打つかたちも素晴らしい。上半身と下半身のバランスがとれているから、少々タイミングを外されても崩れない。右バッターが手本にしたいフォームだ。

高校時代は通算43本塁打、投手としても最速１４８キロの真っすぐを投げる二刀流の選手として知られた。４年目には規定打席に達し、29本塁打、95打点、打率・３３５という高い数字を残している。以後、４年連続で3割、25本塁打以上をマークしてきた。その陰には凄まじい練習があったことは容易に想像がつく。

私も2年だけ広島のコーチをしたことがあるのだが、一度こんなことがあった。休日の夜8時頃、寮を出て食事に出たのである。翌日、球場に行くと、オーナーに呼び出され、注意された。私が川沿いの道を歩いているのをたまたま車から見て、夜遊びにでも出かけたと勘違いしたらしい。要するに、選手だけでなく、コーチも「日々野球漬けであれ」という空気が広島にはあるのだ。

こうした環境から、山本浩二、衣笠祥雄《さちお》、高橋慶彦、金本知憲《ともあき》、前田智徳《とものり》といった球界を代表するスラッガーが育った。鈴木誠也には彼らを超える可能性さえある。

1　鈴木誠也　Carp

トリプルスリーより三冠王を狙え

鈴木誠也という名前を一躍全国区にしたのは２０１６年の交流戦だった。オリックスとの３連戦で、２試合連続でサヨナラ本塁打を放つと、第３戦では決勝本塁打。監督の緒方孝市が言った「神ってる」という言葉は流行語大賞にまでなった。

鈴木が大舞台に強いのは間違いない。前述のプレミア12だけでなく、２０１８年の日本シリーズもチームはソフトバンクに敗れたが、鈴木自身は打率・４５５、３本塁打、６打点と一人気を吐いた。同じ強打者でも大舞台に強いタイプとそうでないタイプがいる。鈴木は明らかに前者だ。では、その差はどこにあるのか。ノムさんが試合を決める大事な場面での心構えについて、面白いことを言っている。

「欲から入って、欲から離れろ」

禅問答のような言葉だが、こういうことだ。プロ野球選手なら、チャンスに打席が回ってきたら「俺が決めてやる」と考えるのが当然だ。こういう欲をノムさんはまず肯定する。たしかに「打てなかったら、どうしよう」と弱気になるより、よほどいい。ただし、ひとたび打席に入ったら、こうした欲は一切捨てろというのだ。

たとえば、９回裏二死満塁の場面、絶好球がきたとき、「よし、もらった」と思って欲

が出ると、微妙に力んでバッティングに狂いが生じる。結果、フェンス越えするはずが平凡な外野フライに終わってしまう。つまり「無心になれ」とノムさんは説いているのだ。それができたのが長嶋さんだった。長嶋さんは大舞台では無類の勝負強さを発揮し、日本シリーズでも4度のMVPに輝いた。鈴木は明らかに長嶋さんタイプである。

今後の鈴木に望むとしたら、タイトルの獲得だ。昨年25盗塁した脚力もあるため、トリプルスリーを期待する声もあるが、私は三冠王を狙ってほしい。ケガさえなければ、そして前を打つバッターの出塁率が高くなれば、十分可能だと思う。

今すぐメジャーで通用する本格派右腕

千賀滉大

〝お化けフォーク〟と160キロ超えのストレート

HAWKS 41

DATA

所属	
福岡ソフトバンクホークス	

ポジション	年齢
投手	27

防御率	勝負	奪三振数
2.79	13勝8敗	227

身長	体重
186cm	84kg

投打
右投げ・左打ち

経歴
蒲郡

現代の「消える魔球」と言ってもいいのがフォークボールだ。バッターの視界から消え、バットにかすりもしないほど落下する。そんな魔球の使い手が日本には何人も現れた。村山実さん、村田兆治、野茂英雄、佐々木主浩《かつひろ》。フォークボールの元祖と言われる杉下茂さんが認めるフォークボーラーがこの4人だが、私にそこに千《せん》賀《が》滉大《こうだい》を加えてもいいと思う。私自身が現役時代に対戦した中では、村田のフォークに手を焼いた。その落差を肌で体験しているが、千賀のフォークはそれを凌ぐのではないか。

球の軌道はストレートとほぼ同じで、打者の手元で真下に落ちる。しかも高めに来たボールがワンバウンドになるほど落差がある上、必ずしも制球がいいわけではないから、バッターは的を絞りづらい。まさに〝お化けフォーク〟だ。ほとんどのバッターは横の変化には対応できても、追い込まれてから、落差の大きなフォークをとらえるのは至難の業である。結果、カウントを取りにくるストレートやスライダーを狙うことになる。

ところが、前述の４人のフォークボーラーがそうであるように、いや、それ以上に千賀のストレートは速いから、攻略はますます難しい。

２０１９年の開幕戦、１回表の初球にストレートは１６１キロを計測した。続く２球目も１６１キロ。あっさり１６０キロ投手の仲間入りを果たしてしまった。プロ入り以来、球速は年々増しているから、そのポテンシャルは底知れない。

千賀のピッチングフォームは美しく、調子がいいときはまったく力みが感じられない。右足の踵を軽く上げてリズムをつくるようにして、左足をゆったり上げていく。そこからの体重移動がスムーズだから、回転のいいストレートが投げられるのだろう

伝え聞くところによれば、千賀の指は杉下さんや村田兆治のように長くはないらしい。だから、フォークも人差し指と中指でボールを挟むのではなく、スプリットに近い握りで投げているようだ。にもかかわらず、あれだけ落差のあるフォークが放れるのはフォームに無駄がなく、全身の力を指先に伝えられているからだ。

真っすぐとフォーク以外に、威力十分の１５０キロ前後のカットボールもある。昨年の巨人との日本シリーズでもこのボールが非常に有効だった。

41 千賀滉大 HAWKS

勝ち星を伸ばすには「集中力の持続」が必要

調子がいいときの千賀に対しては、バッターは手も足も出ない。たとえば、令和に入って初めてのノーヒットノーランを達成した試合だ。ロッテ打線につけ入る隙を与えず、12奪三振。毎回奪三振でのノーヒットノーラン達成は史上初めてである。

２０１７年のＷＢＣでの快投も忘れ難い。４試合に投げて防御率０・８２。日本人選手として唯一人、ベストナインにも選ばれた。このときのピッチングを見たメジャー関係者にすれば、喉から手が出るほどほしい逸材だったはずだ。私も千賀だったら今すぐメジャーに行っても通用すると思う。

しかし、課題もある。千賀ほどの実力があれば最多勝のタイトルは獲って当たり前、20勝したとしても私は少しも不思議ではないと思っているのだが、２０１７年から3年連続で13勝止まりである。

勝ち星が伸びない理由はポカが多いからだ。

先発ピッチャーが最初から最後まで集中力を切らさず、全力で投げるのは難しい。ギアを上げたり、下げたりしながら試合をつくるものだが、千賀はそれがヘタなのではないか。抜けきらないフォークを痛打されたり、２―１、３―１とカウントを悪くして、甘く入っ

た真っすぐを狙い打ちされることが多い。その証拠に2018年の被本塁打21本はリーグワースト1位、2019年の19本もリーグワースト2位だ。

もともとコントロールはいいほうではなく、昨シーズンも1試合あたりの与四球は4個近い。しかも集中力が切れると、歯止めが利かなくなり、しばしば大炎上する。昨シーズンも西武の山賊打線につかまり、連打と3個の四死球で9失点を喫したことがあった。最後は落ちないフォークを栗山巧にライトスタンドに運ばれている。

千賀に必要なのは「集中力の持続」だ。この点は巨人の菅野智之を見習ってほしい。

日本一チームを支える NPB最強スラッガー

柳田悠岐

HAWKS

9

DATA

所属	
福岡ソフトバンクホークス	
ポジション	年齢
外野手	31

打率	HR	打点
0.289	7本	23点

身長	体重
188cm	92kg

投打
右投げ・左打ち
経歴
広島商 - 広島経大

確実性も備えたフルスイングの魅力

しばしば柳《やなぎ》田《た》悠《ゆう》岐《き》は「フライボール革命の申し子」だと言われる。フライボール革命については岸孝之の項で触れたが、打球に角度をつけて打ち上げるバッティング理論である。動作解析システムのスタットキャストによれば、速度98マイル（約158キロ）以上、角度26〜30度で飛び出した打球が最もヒットになる確率が高いようだ。

要するにアッパー気味のスイングで打球に角度をつけることを推奨しているわけだが、日本人選手に向いているとは言えない。非力な日本人選手がアッパースイングで打球を上げようとしたたら、球威に押され、ポップフライになるのは目に見えている。柳田クラスのパワーとスイングスピードがあるから可能なのだ。

一見、柳田のバットを振り上げるような打ち方はアッパースイングのようだ。しかし、実際にはトップの位置からバットを振り下ろし、フォロースルーで大きく振り上げている。本人は「V字スイング」と呼んでいるようだが、このスイングでバックスピンをかけて飛距離を伸ばしているのだ。

柳田自身もアッパースイングでライト方向に引っ張るのではなく、センター方向に強い打球を打とうと意識しているらしい。大谷翔平がそうであるように、柳田の調子がいいときは左中間に右バッターが引っ張ったような強い打球が飛んでいく。

柳田は初球から積極的にバットを振っていくタイプだ。しかし、闇雲にバットを振り回しているわけではない。あれだけ豪快なフルスイングをしながら、確実にボールをとらえる技術があるから、首位打者に2度も輝くことができたのだ。いずれも3割5分以上の高打率である。スイングだけで判断したら長距離砲だが、実はホームランは36本が最高で、タイトルも獲っていない。

仮にメジャーに行ったとしたら、ホームランより二塁打が増えるのではないか。追い込まれたら、レフト方向に軽打してヒットにする柔軟性もある。しかも、選球眼がよく、出塁率も高い。首位打者も狙えるはずだ。

30盗塁以上できる脚力があって、センターの守備も安定。肩も強い。高いレベルの5ツール（ミート力、長打力、走力、守備力、送球力）が備わったプレーヤーだ。

9 柳田悠岐 HAWKS

7～8割の力でもボールは外野スタンドへ

柳田は２０１８年の日米野球でサヨナラホームランを含む2本のホームランを打って、メジャーの首脳陣ばかりか、選手にも注目された。野手としてのスケールの大きさなら、松井秀喜を凌ぐと言えるかもしれない。身長１８８センチ、92キロと体格に恵まれ、パワーもスピードも兼ね備えている。

ただし、ケガが多い。それが柳田の弱点だ。チームの顔ともいうべき中心選手でありながら、過去に全試合に出場したのは1度だけ（２０１４年）。あとのシーズンもヒザ、ヒジ、脇腹などのケガで戦線離脱を余儀なくされている。２０１９年は開幕してすぐに左ヒザ裏の肉離れで長期離脱。わずか38試合の出場にとどまった。

明らかにフルスイングの影響である。あれだけ目いっぱいバットを振り続けたら、どこに故障が発生してもおかしくない。とくに危険なのは脇腹だ。脇腹は調子のいいときほど痛めやすい。調子がいいから、自分の脳が知覚する以上に体が回転してしまい、それが故障を招くことになる。

過去にも故障に泣いたスラッガーは多い。脇腹ではなかったが、バットスイングが速すぎるため腱鞘炎で苦しみ、選手生命を縮めたのが中西太《ふとし》さんである。中西さんが規定打席

に足りたシーズンはわずか7度しかない。にもかかわらず、打撃三部門のタイトルに10度（首位打者2度、本塁打王5度、打点王3度）輝いている。

柳田ほどのパワーとスイングスピードがあれば、今のように大振りする必要はない。8割の力で振っても、芯でとらえた打球は軽々とスタンドまで届くだろう。それを実感し、体に覚え込ませることができたら、さらに一回り大きな選手となるはずだ。

鈴木誠也《せいや》とともに侍ジャパンの打線の核となるべき存在である。万全なコンディションで、東京五輪やＷＢＣに臨んでほしいものだ。

日本で開花した希代のホームランバッター

ウラディミール・バレンティン

60本塁打を支えた配球の読みと打撃フォーム

HAWKS
4

DATA

所属	
福岡ソフトバンクホークス	
ポジション	年齢
外野手	35

打率	HR	打点
0.28	33本	93点

身長	体重
185cm	100kg

投打
右投げ・右打ち
経歴
セント・ポール・コーリション

日本の野球を学ぶことで予想外の成長を遂げた外国人選手がバレンティンだ。もともと長打力には見るものがあった。とにかく当たりさえすれば飛ぶ。それがヤクルト1年目の31本塁打という成績に表れた。しかし131個の三振を喫し、打率は・228。2年目以降、これらの数字が大きく改善されていった理由は2つある。

1つはピッチャーの配球を読めるようになったこと。やみくもにバットを振るのではなく、コーチの言うことに耳を傾け、相手ピッチャーの特徴や持ち球を研究し、配球パターンを頭に入れるようになった。場合によってはカウントによって球種やコースを読むようになったのである。だから、甘いボールを簡単に見逃し、三振をすることもあるのだが、これは読みが外れただけ。つまり、自分なりの根拠をもってヤマを張り、それが外れたらしょうがないという割り切りができるようになったのだ。

もう１つの要因は、バッティングフォームにおけるステップの幅。右打ちのバレンティンはバットを構えた状態から、大きく足を上げて軸足である右足に重心を移動させていく。そこからスイングと同時に左足を下ろしていくわけだが、大事なのはその位置だ。最初に構えた位置のあたりから一足半以内に収まるのが望ましい。

これはいいバッターの共通点であり、ステップした足が元の位置に戻ってくるようだと、体がブレることなく自分のポイントでミートできる。スイングの力を外に逃さず、確実にボールに伝えられるわけだ。

２０１３年シーズンのバレンティンはこれがしっかりできていた。ホームラン60本という日本記録も素晴らしいが、打率・３３０、１３１打点という数字を私は評価する。

一見、ちゃらんぽらんなヤンチャ坊主に見えるが、性格はいたって素直だ。２０１２年、ロンドン五輪が開かれたシーズンだった。夏に「金メダルの色だ」と言って、髪を金髪に染めてグラウンドに現れたことがあった。私は即座に叱り飛ばした。

「もっと、野球に集中したらどうや。髪は明日、染め直してこい」

すると、翌日はちゃんと黒く染めてきた。遠慮せずにホンネでつき合えば、心を開くタイプで、その素直さや柔軟性が日本で才能を開花させたとも言えるだろう。

4 ウラディミール・バレンティン HAWKS

もはや40本塁打は期待できない

バレンティンの最大の弱点は守備力にある。肩はまずまずだが、守備範囲は狭いし、ときに集中力を欠いたプレーを見せる。他の外野手なら捕球できている当たりが頭上を越して長打になるのだから、投げているピッチャーはたまったものではない。

ヤクルトも過去にバレンティンの一塁コンバートを試みたこともあった。しかし、一塁は意外に難しいポジションだ。私自身、現役時代に一塁を守っていたから、よく分かる。守備機会は多いし、連係プレーもある。バントシフトでは機敏なダッシュ力も求められる。ゴロの処理がヘタな上、外野でさえ雑なプレーしかできないバレンティンに不向きなのは明らかだ。すぐにコンバートは断念された。

結局、バレンティンは守備のマイナスを打力で補うしかないプレーヤーなのだ。ホームラン40本以上、打点１２０以上をマークできれば合格点だが、ホームラン30本なら収支は合わないと私は判断する。

では、今後、バレンティンが40本以上のホームランを打つ可能性はあるのか。否と言わざるを得ない。

今年で36歳。体力的な衰えは明らかで、下半身の粘りがないから、ステップした足が元

の位置に戻ってくるような理想の打ち方はできなくなっている。バッティング練習ではそれができても、試合では余分な力が入り、ついステップの幅が広がってしまうのだ。

もともとインサイドの速い球は得意ではない上、動体視力の低下もうかがえる。一流ピッチャーにインサイドを厳しく攻められて苦労する場面を何度も見た。甘くなった真ん中寄りの真っすぐを打って本数を稼いでいるのが、ここ2、3年のバレンティンである。

今季からソフトバンクに活躍の場を移したが、パ・リーグはセ・リーグよりピッチャーのレベルが高く、球場も広い。30本塁打は難しいだろう。ソフトバンクにとって高い買い物とならなければいいのだが。

今世紀、打率4割に最も近づいた男

近藤健介

類まれな選球眼とバッティングセンス

私が落合博満を賢いバッターだなと思ったのは、ペナントレース序盤の打席での様子に気づいてからだった。春先の落合は意識的にフォアボールを増やそうとしていた。まだ肌寒く、コンディションも上がってこない時期は、あえてバットを振らず、ボールをしっかり見て、一塁に歩くことを優先するのだ。

これはチームにプラスになるばかりか、自分にも打数を増やさないというメリットがある。この戦略がシーズン後半にものをいう。打数が少ないため、他の選手よりヒット1本による打率の上り幅は大きい。しかも落合は夏場以降、バッティングの調子が尻上がりに上昇していくタイプだ。一方、ピッチャーはへばってくるから、ますます率は上がる。さすが、首位打者を5回獲ったただけのことはあると感心した。

FIGHTERS

8

DATA

所属		
北海道日本ハムファイターズ		
ポジション	年齢	
外野手	26	
打率	HR	打点
0.302	2本	59点
身長	体重	
173cm	83kg	
投打		
右投げ・左打ち		
経歴		
横浜		

落合を引き合いに出したのは、近藤健介もまたボール球に手を出さない、出塁率の高いバッターだからだ。２０１９年は打率・３０２でも四死球が１００を超えたため、出塁率・４２２で最高出塁率に輝いた。近藤にとっては初のタイトルである。

出塁率の数字が示すように近藤の魅力は選球眼にある。とにかくボール球に手を出さない。ストライクゾーンのボールであっても、打てそうなボールでなければ2ストライクまでは打たない。そして相手の決め球さえファウルする自信があるから、粘って球数を放らせるくらいはお手の物だ。こうした能力が第2回プレミア12でも発揮された。打率は2割を切ったのに出塁率は・４５２。こういうタイプは代表から外せない。

もちろん、バッティング技術も高い。バットコントロールに優れ、広角に打ち分ける。ピッチャーから見れば、どんなコースもミートしそうな雰囲気がある。

近藤と言えば、惜しかったのは２０１７年だ。開幕から50試合まで打率４割をキープしたが、腰椎椎間板ヘルニアにより戦線を離脱。シーズン終盤に復帰し、57試合で打率・４１３。しかも驚異の出塁率・５６７をマークした。

まだ26歳。４割挑戦のチャンスはあると思う。落合が自身最高打率・３６７を記録したのが32歳、イチローが打率・３７２を記録し、メジャーのシーズン記録２６２安打を放ったのは31歳のときである。

8 近藤健介 FIGHTERS

「右投げ左打ちの死角」をどう克服するか

入団してからしばらくはキャッチャー登録だった。しかし、スローイングに難があったため、マスクを被る機会は年々減った。器用なのか、サード、ショートを守ったこともある。近年は外野か指名打者での起用がほとんどだ。腰痛という爆弾を抱えている以上、やはり外野を守らせるのが無難だろう。プレミア12でも、レフトの守備位置でヘマをすることなく、まずまずのプレーを見せている。

すでに触れたようにバッティング技術については申し分ない。軸足である左足にしっかりタメができている。つまり体重が乗っかっているから、手元でボールを見られる。上体の動きが少なく、目線がブレないのだ。それが選球眼にもつながっている。

それでも、あえてピッチャーサイドに立って近藤の弱点を探すなら、内角の膝元の変化球だろう。ここに投げられると、うまくさばくのが難しい。

これは近藤に限ったことではなく、右投げ左打ちのバッターに共通する弱点である。原因は右投げ左打ちのバッティングフォームが、幼少期につくられた無理なフォームだからだ。本来なら、右投げのバッターには右打ちが適っているのである。

私自身は右打ちだったのでまるで実感はないのだが、右投げ左打ちの選手に聞くと、内

角膝元の変化球を、しっかり見極めるのはかなり難しいらしい。選手によっては「ボールが消えてしまう」という表現さえしている。プロ野球界では、これを「右投げ左打ちの死角」と呼んでいる。

　イチローが天才と呼び、抜群のバットコントロールを誇った前田智徳も、足元にスライダーを投げられると実に嫌な顔をしていたものだ。イチロー自身も歳を取るにしたがって、内角膝元のボールを空振りすることが多くなった。

　近藤が4割を打つためにも、この死角をどう克服するかがカギになるだろう。

北の新天地で才能を開花させた大型スラッガー

大田泰示

野球人生を変えた「二番」の経験

昔から地位が人をつくると言われる。これを野球界に当てはめれば「打順が人をつくる」ということになるだろうか。巨人から日本ハムに移籍し、大ブレークした大田泰示《たいし》がまさにこれに当てはまる。

もともと素材としては一級品。188センチ、95キロとメジャーリーガー並みの体に恵まれ、長打力は抜きん出たものがあった。肩は強く、足は速い。東海大相模高時代には通算65本塁打をマークし、「和製デレク・ジーター」と呼ばれた。ドラフト1位指名され、松井秀喜がつけていた背番号55をもらったのも、巨人の期待の大きさを示すものだった。

しかし、期待の大きさがアダとなった。プロ入り後は構えを変えたり、フォームを変えたりの試行錯誤が続いた。結果が出ないで右往左往したのは明らかだ。

FIGHTERS

5

DATA

所属		
北海道日本ハムファイターズ		
ポジション	年齢	
外野手	29	
打率	HR	打点
0.289	20本	77点
身長	体重	
188cm	95kg	
投打		
右投げ・右打ち		
経歴		
東海大相模		

これは巨人という人気球団ゆえの事情もあったと思う。私もコーチとして巨人に１年だけ籍を置いた経験があるからよくわかるのだが、とにかく外野がうるさい。自軍のバッティングコーチだけでなく、監督・コーチの経験もないような評論家までやってきて、あれこれ指導したがるのだ。しかも、選手は十人十色なのに、自分の打ち方や打撃理論を押し付けようとする傾向にある。その弊害をもろに被ったのが大田だろう。

だから、彼にとって北海道は理想の環境であったはずだ。わざわざ北海道までやってきて、あれこれ教えるＯＢや評論家は少ない。伸び伸びと野球に没頭できたのではないか。栗山英樹も大田泰示という逸材を開花させる自信があったのだろう。

そのための起爆剤が「二番打者」だった。移籍１年目、下位の打順で15本塁打を放つと、２年目からはアマ時代にも打った経験のない二番を任され、３年目の２０１９年には打率・２８９、20本塁打、77打点とキャリアハイの数字を残した。

いくら送りバントをしない強打の二番と言っても、四番のように好きにバットを振れるわけではない。右方向への進塁打も求められるし、トップバッターの盗塁を助けたり、ヒットエンドランを決めなければいけないケースもある。おそらく大田は二番を打つことで、野球の奥深さを学び、急成長したはずだ。下位で何も考えずに打っていたら、たまに長打は出ても、２割５分のバッターに留まっていただろう。

5 大田泰示 FIGHTERS

鈍感力を磨き、もっと図太くあれ

近年、「二番打者最強論」が喧しい。メジャーではヤンキースのアーロン・ジャッジやエンゼルスのマイク・トラウトといったホームランバッターが当たり前のように二番に座っている。日本でも2年連続ホームラン王の横浜のネフタリ・ソトが二番を任された。大田の札幌ドームに飛び込む特大アーチを見ると、彼らとダブらなくもない。

大田のバッティングの特徴はゆったり弧を描くような豪快なスイングだ。フォロースルーが大きく、調子がいいときはバッティング練習のように8割の力でミートした打球がスタンドまで届いてしまう。天性のホームランアーチストなのだろう。二番を打つことで、バッテリーとの駆け引きも覚えたと思う。

これほどのバッターが巨人に在籍した8年間で9本しかホームランを打てなかったことは不思議な気もする。前述した通り、巨人という人気球団ゆえのプレッシャーの中、周囲の雑音を気にしすぎたのだろうが、それは見方を変えればハートが弱い、あるいは性格的に真面目過ぎることを意味する。たとえば、同僚の中田翔くらいの太々しさがあっていい。鈍感力はプロで成功するための重要な要因だ。

もう1つ、大田の気になるところはケガや病気が多いこと。巨人時代はシーズン開幕前

になると肉離れだ、風邪だと首脳陣やファンの期待を裏切っていた。日本ハムでも2年目に飛躍できなかったのはケガが原因だった。今シーズンは全試合フルイニング出場を目指してほしいし、実現すれば成績はもっと上がるだろう。

記録の面から言うと、フォアボールが少ないため、出塁率が低い。

日本ハム史上最強の二番打者と言われる小笠原道大は、2000年に31本塁打を放ち、出塁率は4割を超えた。大田の併殺打の多さ（2019年は22個でリーグ1位）を指摘する声もあるが、これは強い打球を打つ右打者の宿命だから気にする必要はない。長嶋さんがそうだった。

前人未到の偉業を達成した ミスター・トリプルスリー

山田哲人

凡打の内容に驚かされたルーキー時代

ヤクルトはドラフトのクジ運が悪くてもそれが幸いする不思議な球団だ。清宮幸太郎を外して指名した村上宗隆《むねたか》はその典型だし、山田哲人に至っては斎藤佑樹（日本ハム）、塩見貴洋《たかひろ》（東北楽天）を外しての〝外れ外れ〟1位。今、山田がいないヤクルト打線を考えると、あらためてドラフト戦略の難しさを思う。

当時、ヤクルトの打撃コーチをしていた私も山田の類まれな才能は、キャンプでバットを振らせただけですぐに分かった。バットのヘッドスピードは群を抜いているし、体にバネがある。タイプとしては同じ右打ちの先輩内野手・池山隆寛に近い。とはいえ高卒のルーキー。プロの体をつくるために二軍でじっくり育てるというのがチーム方針だった。このとき、二軍の打撃コーチが池山だったのも山田のためにはよかった。

Swallows

1

DATA

所属		
東京ヤクルトスワローズ		
ポジション	年齢	
内野手	28	
打率	HR	打点
0.271	35本	98点
身長	体重	
180cm	76kg	
投打		
右投げ・右打ち		
経歴		
履正社		

ところが、山田の一軍デビューは早まった。１年目の２０１１年、中日とのＣＳを前に、ショートの川端慎吾がケガで離脱し、一軍に上げざるを得なくなったのだ。

３試合に出場して11打数２安打１打点。数字だけ見れば可もなく不可もないといったところだが、驚かされたのは凡打の内容だ。ほとんどの打球がバットの芯でとらえられており、たまたま野手の正面に飛んだだけだった。「カキーン」という快音を聞くたびに、その潜在能力の高さを感じさせられたのを今もはっきり憶えている。成長は順調だった。４年目にレギュラーを手中にし、その後トリプルスリー３度という前人未到の記録を達成したのだから、本人の中にメジャー志向が芽生えるのも当然だろう。

１８０センチ、76キロ。細い体だけ見たら、とてもホームランバッターとは思えない。にもかかわらず毎年30本以上のホームランを打てるのは、下半身を十分に使うことができているからである。山田は足を高く上げてタイミングを取るバッターだ。しかし、あれだけ高く足を上げながら、上半身がまったくブレないため、体重が外に逃げない。しっかり体重を内側に溜め、その力をバットに乗せることができるから打球の飛距離も伸びる。

セカンドの守備も随分うまくなった。前ヤクルトコーチの宮本慎也の目にはまだ物足りないらしいが、守備範囲は広いし、年々ボールのさばきが柔らかくなっている。一、二塁間に飛んだ打球の処理能力の高さは今や菊池涼介に匹敵するとも言えよう。

1 山田哲人 Swallows

メジャーに行くならアベレージヒッターで

「二兎を追う者は一兎をも得ず」ということわざがある。山田もいずれはこの問題に直面するに違いない。つまり、「飛距離を求め、その結果としてホームラン王のタイトルを狙っていくのか、ヒットを量産し、首位打者を狙うタイプを目指すかである。

私は山田を後者のタイプだと見ている。たしかにホームランをコンスタントに30本打てる長打力は魅力だ。しかし、40本以上打てるかとなると、疑問符が付く。しかも狭い神宮球場を本拠地としていることを考え合わせれば、ホームランは山田にとって副産物くらいに考えたほうがいい。

「40本塁打、40盗塁」より「30本塁打、30盗塁」をクリアした上で、２００安打を打つ、あるいは打率３割５分をクリアすることに山田哲人というプレーヤーの真価がある。

将来、ポスティングでメジャーに行くのか、ＦＡで他球団に行くのかはまだ本人の意思は固まってはいないようだが、もし、本気でメジャーに行くつもりなら、余計に打率や出塁率を意識したほうがいい。高い盗塁成功率を誇る脚力を活かすためにも、四番ではなく、一番バッターを目指すべきである。どう頑張っても松井秀喜にはなれないのだから、イチローを手本にしたほうがメジャーで成功する可能性は高いということだ。

岩村明憲《あきひろ》、西岡剛《つよし》、田中賢介らが満足な成績を残せず、ただ一人、井口資仁しか日本人内野手が成功していないだけに、山田への期待は大きい。ホームランは20本に届かなくても、3割、30盗塁をマークする選手になってほしい。

将来的にはバッティングフォームの改良を考える必要もある。あれだけ高く足を上げるフォームをいつまで続けられるか。過去のスター選手も動体視力や反射神経の衰えとともに打ち方は変化していった。メジャーに行けば、イチローや大谷翔平がそうであったように、早い時期にフォームの改造を余儀なくされるかもしれない。

メジャーでも通用した真面目な優等生

青木宣親

臨機応変に自分を変えられる頭脳と努力

Swallows

23

DATA

所属	
東京ヤクルトスワローズ	
ポジション	年齢
外野手	38

打率	HR	打点
0.297	16本	58点

身長	体重
175cm	80kg

投打
右投げ・左打ち
経歴
日向 - 早大

神宮球場を本拠地としていることもあって、ヤクルトには昔から六大学出身の選手が多い。同じ六大学でも各大学それぞれにカラーというか、個性のようなものがあるわけだが、早稲田出身のヤクルト選手に共通するのはとにかく真面目なこと。最近のヤクルトの早稲田出身者である武内晋一、田中浩康、青木宣親《のりちか》の3人もクソがつくほど真面目だ。しかも、この3人、早稲田の野球部の同期なのである。

すでに武内と田中の2人はユニフォームを脱いだが、青木は今なお健在。そして、3人の中でも一番優等生タイプなのが青木だろう。スポーツ推薦ではなく、一般入試（指定校推薦）で進学したくらいだから、頭脳のほうも優秀だ。プロ野球の世界では学業が優秀であることは必ずしもプラスに作用するわけではないが、青木は違った。常に、自分で考え、試行錯誤を重ねることで確実に成長したプレーヤーである。

それが顕著に表われたのがメジャーに行ってからだ。

日本で首位打者を3回獲得し、２００安打を2度もマークした青木も、メジャーのピッチャー特有の手元でえげつない動き方をする１５０キロ以上のボールには手こずった。これに対応するため、バッティングフォームを毎年変えたのである。

青木と言えば、ヒザを曲げ、重心を低くしたフォームが特徴的だが、メジャーに行ってからはこのフォームが毎年、目まぐるしく変化した。構えたときのバットの位置を高くしたり、低くしたり。スタンスの幅を広げたり、狭めたり。なんでも相手ピッチャーごとに、あるいはカウント別にフォームを変えるようなこともしていたらしい。

私はこの姿勢こそが青木らしさだと思う。１つのかたちを極めるのも野球だが、一方で臨機応変に自分を変えるのもまた野球である。自分に何がフィットするのか、その正解は自分で見つけるしかない。

青木はメジャーでは一度も3割を打つことができなかったが、通算打率・２８５の成績は立派だ。内野安打も多く、出塁率も高い。６年間に7球団を渡り歩き、相手チームに嫌がられるリードオフマンとして活躍した。野手としてはイチロー、松井秀喜に次ぐ日本人メジャーリーガーであることはもっと高く評価されていい。

23 青木宣親 Swallows

ときには「真面目な優等生」からの逸脱も必要

私のＩＤ野球の師匠でもあるノムさんは野球選手をさまざまな視点から分析し、分類するのが得意である。たとえば、選手を優等生か劣等生かでタイプ分けする。

① 真面目な優等生
② 不真面目な優等生
③ 真面目な劣等生
④ 不真面目な劣等生

青木が①の真面目な優等生であるのは明らかだ。自分の役割や才能を冷静に理解し、そのための努力を惜しまない。チームの戦術を把握する力もあるから、監督としては最も使い勝手がいい。同じヤクルトの先輩、宮本慎也もこのタイプだろう。

ほとんどの選手は③である。能力は平均的なので、あとは指導者に恵まれること、努力を継続することが問われる。④は、はっきり言えばチームに必要のないタイプだ。

さて、ここで問題は②である。才能はあっても唯我独尊、我が道を行くタイプで、監督にしてみれば厄介な存在だ。長嶋茂雄さんや清原和博あたりがその典型だろうか。しかし、いざというとき、ビッグゲームの大事な局面で予想外の動きを見せるのは②のタイプだ。

青木の成績は素晴らしい。２０１９年シーズンを終えた時点での通算打率（４０００打数以上）は・３２６で1位。張本勲さんや若松勉の上を行く。日本シリーズ、ＷＢＣでもトータルで見れば堅実な仕事をしているのだが、印象は強くない。メジャーのポストシーズンでの成績も芳しくない

今後、青木がいつまで現役を続けるかは分からない。できれば、リーグ優勝や日本一を決める劇的な一撃を見たいと思うのは、私がヤクルトＯＢであるからだ。彼がヤンチャな一面を見せ、喜怒哀楽を表現することはチームをまとめることにもつながるはずだ。

球界を代表する「打てるキャッチャー」へ

森 友哉

Lions
10

DATA

所属	
埼玉西武ライオンズ	

ポジション	年齢
捕手	24

打率	HR	打点
0.329	23本	105点

身長	体重
170cm	80kg

投打
右投げ・左打ち

経歴
大阪桐蔭

小さな体を補って余りある体感の強さとスイングの速さ

つい3、4年前、阿部慎之助が巨人打線について、こんな愚痴をこぼしていた。

「うちは7人攻撃ですから(笑)」

阿部が一塁に回り、正捕手に座ったのは小林誠司だった。小林は確かに球界屈指の強肩だが、打率は2割そこそこ。つまり、阿部は八番の小林と九番のピッチャーのバッティングは期待できないと言いたいのである。逆に言えば、「打てるキャッチャー」はそれだけでチームの大きなアドバンテージなのである。

今、阿部に代わる日本球界の打てるキャッチャーが西武の森友哉《ともや》だ。当初は西武の首脳陣も森のバッティングを活かそうと考えたのか、指名打者や外野手での起用がほとんどだった。それが2018年、辻発彦《はつひこ》が監督になって変わった。キャッチャーとして81試合に出場し、打率・２７５、16本塁打、80打点。十分すぎる数字だ。
さらに、２０１９年は炭谷銀仁朗の巨人移籍に伴い、正捕手に昇格。打率・３２９でキャッチャーとしては史上４人目の首位打者を獲得し、23本塁打、１０５打点という圧巻の数字を残した。西武のリーグ連覇の立役者の一人である。

森のバッティングの強みはこれでもかと言うほど強く、速くバットを振れること。オリックスの吉田正尚やソフトバンクの柳田悠岐と並ぶフルスイングバッターである。

身長は公称１７０センチだが、もう少し低いのではないか。そんな体でフルスイングしても体の軸はブレないし、少々タイミングを外されてもボールにコンタクトできる。下半身の安定感が抜群なだけでなく、体幹がよほど強いのだろう。少々泳がされても、バットのヘッドを残して逆方向へのヒットにしてしまう。

さらに、これは吉田や柳田らパ・リーグの左の強打者に共通する点でもあるのだが、足を上げてスイングに移り、ミートするギリギリの瞬間までボールを見ている。しかも目線がほとんど上限しない。だから打つべきボールを見極められるし、出塁率も高くなる。

身長の低さもマイナスどころか、プラスにしている。ピッチャーからすれば森のようにストライクゾーンの狭い相手は投げづらい。しかも森はミート力に優れ、高めのボールもあまり苦にしない。若松勉以来の「小さな大打者」になれるかもしれない。

10 森　友哉 Lions

●不安が残るリードとキャッチングの甘さ

ランナーを刺すのはピッチャーとの共同作業とはいえ、森の2019年の盗塁阻止率・283は褒められた数字ではない。おそまつなキャッチングは未だに改善されていない。捕逸12個は両リーグ1位だ。肝心のリードについても、チーム防御率4・35というリーグ最下位の数字が証明している。エースの菊池雄星が去り、若手中心の投手陣になったことを考慮に入れても、3連覇を狙うなら防御率は4点を切るところまでは持っていきたい。つまり、森が担う責任は大きいということだ。

森のバッティングを見ていると、配球を読んで、球種やコースにヤマを張っているようには見えない。来たボールに体を自然に反応させてしまうイチローのようなタイプではないか。ある意味、天才的なところがあるわけだが、ヤマを張ることができれば、ホームランはもっと増える。シーズン30〜40本は十分可能な数字だ。

一般に、キャッチャーは人が良すぎるとダメだと言われる。ノムさんを筆頭に、森祇晶さん、伊東勤、古田敦也のようにひとクセもふたクセもあったほうが、バッターとの駆け引きもうまい。森はどうか。私は彼の性格をよく知らないが、ノムさん、森さんのようなずる賢さは感じられない。阿部がそうだったように、試合に数多く出て、経験しながら学

ぶしかない。しかし、その時間はあと1、2年だ。ピッチャーの信頼を得られなければ、指名打者か外野手への逆戻りもあり得る。

もう1つ、私は森がプレミア12の代表を早々に辞退したことには納得がいかない。プロ野球人気の低迷や少子化による野球人口の減少を思えば、全国的に注目を集める国際大会で侍ジャパンが勝つことの意義は小さくない。パ・リーグの首位打者、しかも得点圏打率1位（・411）のバッターが出場しないでどうするのだ。まだ24歳。国際大会で学ぶことはたくさんあったはずだ。

球場を沸かせる「山賊打線」の大砲

山川穂高

特筆すべきは安打に占めるホームラン数

176センチ、108キロの丸々とした体はどこにいても目立つ。西武が誇る「山賊打線」の象徴と言ってもいいプレーヤーだが、プロ6年間で規定打席に足りたのはここ2シーズンに過ぎない。もっと以前から西武の中心選手だったような雰囲気がある。それだけ存在の重みがあるのだろう。重いのは体重だけではないということだ。

とにかく山川穂《ほ》高《たか》がホームランを打つと、ベンチのムードがとたんに明るくなる。本拠地・西武ドームの観客も同じで、球場全体が一気に盛り上がる。これはプロ野球選手として非常に大事な資質だ。

山川というバッターの面白さは記録によく表れている。入団3年目に初めてホームランが2ケタを超えるのだが、ヒット36本のうちホームランが14本で、本塁打率は・389。

Lions

33

DATA

所属		
埼玉西武ライオンズ		
ポジション	年齢	
内野手	28	
打率	HR	打点
0.256	43本	120点
身長	体重	
176cm	108kg	
投打		
右投げ・右打ち		
経歴		
中部商 - 富士大		

以後、本塁打率は２０１７年から・３１９（23本塁打）、・３０９（47本塁打）、・３２１（43本塁打）で推移している。だいたいヒット3本のうち1本がホームランなのだから、生粋のホームラン・アーチストと言えよう。

とにかく全試合、全打席でホームランを狙っていくという姿勢が潔い。基本的には全球ホームランを狙ってフルスイングに行き、ボール球ならそれを見送るというバッティングスタイルだ。無闇にバットを振り回しているわけではなく、選球眼は案外しっかりしたものがある。ここ2年は全試合に出場して、いずれのシーズンも四球は90個に近い。低打率の割には出塁率が高いから、クリーンナップも任せられる。

山川のバッティングフォームの特徴は、まずバッターボックスに立ったときのスタンスが狭いことだ。肩幅と同じくらいの狭さで、ここから高く足を上げ、大きく勢いをつけて踏み込んでいきながらボールをとらえる。当然、上体は前に大きく動くが、バットは遠回りすることなくコンパクトに出てくるから、速い真っすぐにも振り遅れない。

しかも、下半身が強いだけでなく、ヒザの使い方が柔らかいから、変化球にも器用に対応できる。低めに落ちるボールの変化球を、地面に着きそうなほど右ヒザを落として拾い上げてスタンドに放り込む技術は山川の真骨頂だろう。スイングスピードも同僚の森友哉と双璧だ。

33 山川穂高 Lions

インサイド攻めをどう克服するか

プロ４年目に78試合で23本塁打をマークし、５年目には47本塁打を放ってホームラン王を獲得し、シーズンＭＶＰにも輝いた。さらに、６年目の２０１９年も春先は絶好調で、５月を終えた時点で22本塁打。打率も２割８分を大きく超えており、本人が目標とする50本塁打も十分に到達可能な数字かと思われた。

ところが、夏場に失速し、８月11日のロッテ戦ではずっと定位置だった四番を外され、七番に。以後、クリーンアップに戻ることはなかった。それでも最終的には43本塁打を放って２年連続ホームラン王を獲得したのは評価できる。

しかし、好不調の波が大き過ぎはしないか。しかも、打率が２割６分にも満たないのは四番を期待されるバッターとしてはあまりに寂しい。もちろん、相手も山川を研究し、弱点を徹底的に突いてくる。その傾向が交流戦の頃からはっきり出た。どの球団のピッチャーも厳しく内角を攻めるようになったのだ。

山川の弱点がインサイドにあることは、どの球団も把握している。いや、山川に限らず、強打者に共通する弱点はインサイドにある。しかし、ホームランバッターのインサイドを突くには勇気がいる。甘くなれば、絶好のホームランボールとなるからだ。

それでも山川の勢いを止め、長打を封じるにはインサイドしかないと腹をくくったのだろう。各球団ともこれでもかとインサイドを攻め、これによって山川のバッティングのタイミングに狂いが生じた。インサイドを意識するあまり、甘いボールを見逃がしたり、打ち損じたりするケースがかなり増え、ホームランのペースも失速した。

　これはどんな強打者も一度は通る道である。弱点を責められても自分のバッティングスタイルを崩さないこと。これに尽きる。狙ったところに１００％投げられるピッチャーなどいない。甘いコースを確実に仕留めるには、技術以上に強い精神力が求められる。

21世紀最高のホームラン・アーチスト

中村剛也

7割の力でもホームランになるパワーと技術

この20年で見てきた中で、文句なしのホームランバッターと言ったら、中村剛也《たけや》を置いて他にいない。なんでも本人は「7割の力で打ってもスタンドに放り込むことができる」ようなことを言っているらしいが、その感覚はわかる。体型的にもよく似ている後輩・山川穂高のように力一杯フルスイングをしなくても、軽くバットを合わせた打球がグングン伸びてスタンドに届いてしまう。

２００８年、25歳で初めてホームラン王のタイトルを獲ったときの中村を見て、まず感じたのは打球の角度の素晴らしさだった。バットを振り上げてホームランの角度をつくっているわけではなく、普通にスイングしてあの打球を打てるのである。まさに天性のホームラン・アーチストと呼ぶにふさわしい。

Lions

60

DATA

所属		
埼玉西武ライオンズ		

ポジション	年齢
内野手	36

打率	HR	打点
0.286	30本	123点

身長	体重
175cm	102kg

投打
右投げ・右打ち

経歴
大阪桐蔭

これまでにホームラン王を獲得すること6回（打点王4回）。これは青田昇さん、中西太さん、落合博満の5回を抜き、王さんの15回、ノムさんの9回に次ぐ記録である。現時点での通算本塁打415本も歴代16位。着目したいのは本塁打率で、中村は400本塁打以上打っているバッターの中では、王さん（31・2％）、田淵幸一（30・9％）に次ぐ、28・5％という高い数字を残している。

私は王さんのシーズンホームラン記録を抜くとしたら、中村だと考えていた。

惜しかったのは2011年である。中村は48本塁打を放ってタイトルを獲得するのだが、NPBはこの年から打球の飛距離を抑えることを目的に「統一球」を導入したため、両リーグともホームラン数は激減。パ・リーグの本塁打2位は松田宣浩《のぶひろ》（ソフトバンク）の25本、セ・リーグのキングは31本塁打のバレンティン（ヤクルト）だった。中村の48本がいかに突出した記録かがわかる。

当時、中村は28歳と選手として脂が乗り切った頃でもあり、統一球でなければ、バレンティンより早く60本塁打を達成していたかもしれない。

その後、中村は32歳の2015年に37本塁打、124打点で二冠に輝くが、以後、ホームランは20本台に低迷。2017年には右ヒザの故障もあって打率・217と不振を極めた。ところが、2019年、36歳にしてその打棒が復活した。

60 中村剛也 Lions

四球を増やし、打率を上げる道もある

２０１９年は不調の山川穂高に代わり、夏場から慣れ親しんだ四番の座に入った。しかも１２３打点で打点王のタイトルを獲得したのみならず、キャリアハイの打率・２８６を記録した。記念すべき通算４００号本塁打もサヨナラホームラン（7月19日のオリックス戦）で達成したのだから、見事というしかない。

下降線を辿っていた打棒が復活したのはなぜか。

バッティングフォームが大きく変わったわけではない。中村が長打を打てる理由の１つはミートポイントが通常のバッターより前にあることだ。左足の前あたり、腕が一番伸びるポイントで打ち、全身のパワーを伝えている。しかも、しっかり脇を締めてコマのように体を回しているので、遠心力も加わる。

ただし、若い頃の全球ホームランを狙っているような強引さは影を潜めた。かつては「ホームランの打ち損じがヒット」と、まるで後輩の山川穂高のような発言をしていたはずである。しかし、今は「ヒットの延長がホームラン」と考えられるようになったのではないか。コースに逆らわない、コンパクトなスイングをしている。２０１９年に放った30本塁打のうち、およそ3分の1はライトへのホームランだった。

もとよりホームランを捨ててヒット狙いに徹すれば、首位打者も狙えると言われた高い技術の持ち主である。長打で決めるのではなく、ときにはレフトへのヒットで得点圏のランナーを帰すことを意識した結果が打点王であり、得点圏打率・350（リーグ2位）という記録につながったのは間違いない。

中村の成績を見て、一番物足りなさを感じるのは四球の少なさである。これほどの強打者でありながら、四球が80を超えたことがない。今のバッティングを続け、ボール球に手を出さないようになれば、3割を打つのは容易だと思うのだが。

球界最高峰の守備力を誇るショートストップ

源田壮亮

内野守備の要として西武野球を変える

ここ数年、日本球界はサードにはこれといった人材が育っていないが、ショートストップは優秀な人材が次々に生まれている。坂本勇人（巨人）、田中広輔（広島）、京田陽太（中日）、源田壮亮《そうすけ》（西武）、今宮健太（ソフトバンク）、茂木栄五郎（東北楽天）……。誰が侍ジャパンの代表になってもおかしくない。

ただし、守備力で選ぶとしたら、源田で決まりだろう。仮に坂本がスタメンで出ても、終盤の守備固めに入れるなら源田しかいない。それくらい守備は一級品だ。

今や守備力を判断する指標で最も重視されるのはUZRである。細かい計算方法は省くが、「リーグにおける同じ守備位置の平均的な選手が守る場合に比べて、守備でどれだけの失点を防いだか」を示すものだ。源田はこの数値がルーキー時代から、21・5（2017

Lions

6

DATA

所属		
埼玉西武ライオンズ		
ポジション	年齢	
内野手	27	
打率	HR	打点
0.274	2本	41点
身長	体重	
179cm	75kg	
投打		
右投げ・左打ち		
経歴		
大分商 - 愛知学院大 - トヨタ自動車		

年）、30・9（２０１８年）、22・4（２０１９年）と推移している。いずれの年もショートだけでなく、全ポジションを通じて1位なのだから、素晴らしい。

こんな数値を持ち出さなくても、ある程度、野球がわかる人が見たら源田の守備がいかに優れているかはすぐにわかる。

まず足腰が強く脚力があるから、守備範囲が広い。ゴロを補球してから送球に移るまでの動きにもまるで無駄がない。さらに肩が強く、一塁へのスローイングの安定感も際立っている。一方で、ダイビングして打球を処理するようなことは少ない。難しいゴロをなんでもないように処理してしまう、いわゆる玄人受けするタイプだ。

２０１７年、ショートを守る新人としては史上初の全１４３試合フルイニング出場を果たし、翌年もこれを続行。しかも捕殺数５２６という日本記録を樹立してしまった。ショートという負担の大きなポジションで、これだけ試合に出続けられる体の強さは大きな魅力だ。守備の名手として鳴らした監督の辻発彦にしてみれば、願ってもないプレーヤーに出会ったと思ったはずだ。試合に使いながら育てる道を選択し、それが奏功した。

強いチームはキャッチャーと二遊間の守りがしっかりしている。その意味では、西武は向こう10年ショートには困らないだろう。セカンドの外崎修太も守備は安定している。あとはキャッチャーの森友哉のリードとキャッチングだ。

6 源田壮亮 Lions

三振を減らし、四球を増やせば3割も可能

もともとドラフトで指名されたときは「守備の人」との評価だった。というのも社会人時代は九番を打つことが多く、バッティングに関しては疑問視されていたからだ。私自身、野村ヤクルトでコーチをしていた頃に入ってきた宮本慎也を想像していた。2人とも大学、社会人を経てのプロ入りである。

ところが、ふたを開けてみると、まるで違った。バッティングは源田のほうが宮本よりはるかにいい。1年目にいきなり打率・270、57打点、37盗塁で新人王を獲得し、その後3年も2割7分以上の数字を残してきた。宮本がレギュラーに定着したのは3年目。しかも、源田ほどの脚力はなかったし、守備力も源田のほうが上だろう。

源田の構えはやや腰を落としたオープンスタンスである。スイングは速く、コンパクト。同じチームの左打ちである秋山翔吾あたりを手本にして成功したのではないだろうか。ボールに逆らわず、センター中心に強いゴロを打ってヒットを量産するタイプだ。インサイドを打つときに窮屈そうに見えるのは、右ヒジの使い方が硬いからだろう。しかし、左バッターで足が速いから、三遊間方向に飛んだボテボテの打球はヒットになりやすい。長打力に欠けるように見えるが、ツボにはまった打球は意外に伸びる。

今、野球界では二番に強打者を置くチームが増えているが、源田は旧来型の二番バッターでもある。たとえば、２０１９年は一番・秋山と三番・森を活かすのがその役割だった。リーグ1位の25犠打は破壊力抜群の山賊打線にあって見事な隠し味となった。

しかし、秋山が去った後の一番には誰が入るのか。外崎か、源田か。源田が引き続き二番に入るとしても、改善してほしいのは四球の数である。シーズン40個は少ない。一方で三振が意外に多い（２０１７年、２０１８年は１００を超えた）。選球眼を磨き、四球を増やせば、３割到達の可能性は大いに高まる。

NPBどころかMLBの常識をも変えた天才二刀流

大谷翔平

ANGLES

17

DATA

所属	
ロサンゼルス・エンゼルス	
ポジション	年齢
指名打者	25

打率	HR	打点
0.286	18本	62点

身長	体重
193cm	91kg

投打
右投げ・左打ち
経歴
花巻東

外国人選手もかすんで見える規格外の飛距離

「フリーバッティングを見るだけでもお金を払う価値がある」と思ったプレーヤーが2人いる。一人は西鉄黄金期の看板打者だった中西太さんだ。私が近鉄の一軍でプレーした頃の中西さんはすでに兼任監督をしていたが、それでも試合前のフリーバッティングは圧巻だった。低いライナーのような打球がグングン加速するように伸びて行って、そのままスタンドに突き刺さるのだ。あんな打球は後にも先にも見たことがない。当時、近鉄ナイン全員がその打球の凄まじさに呆気にとられた。

中西さんとは質の異なる打球で度肝を抜かれたのが大谷翔平だ。

２０１７年の春、日本ハムの名護キャンプで大谷のフリーバッティングをじっくり観察したのだが、とにかく見ていて楽しかった。気持ちよさそうにバットを振り抜くと、打球はセンターのバックスクリーンに突き刺さるどころか、スコアボードのはるか上を越えていく。それが何発も続くのだ。逆方向に打った打球も、まるで右の強打者が思い切り引っ張ったような感じで場外に飛んでいった。

中田翔やブランドン・レアードの飛距離など比較にならない。彼らの存在がかすんで見えたほどで、これなら入場料１０００円を取っても少しも高くないと思ったものだ。

監督の栗山英樹も、「翔平だけを優遇するわけにはいかないし、かといって無理させてケガでもさせたら、マスコミに叩かれる。ここまで１人の選手に気を遣って野球をするのは初めてです」と大谷の扱いにはずいぶん気を遣っていた。

それまでは大谷についてはもう2、3年は日本でやるべきだと思っていたが、栗山の話を聞き、私も早期のメジャー挑戦もやむなしと考えるようになった。

しかも、メジャーの関係者の予測を大きく裏切る結果を残した。彼らはいくら日本で結果を残していても、二刀流が通用するほどメジャーは甘くないと思っていたのだろう。しかし、先発で１６０キロ超えの真っすぐと１５０キロに近いフォークを投げるピッチャーなどメジャーにもなかなか見当たらない。加えて、打てば、飛距離も打球速度もメジャーでも10本の指に入る強打者ぶりを披露した。今やメジャーの歴史を変え得るスター候補なのだ。

17 大谷翔平 ANGLES

打者に専念すれば、打撃タイトル獲得も夢ではない

大谷がプロに入ってしばらくは、二刀流論がやかましかった。今やそれを否定する人は少ない。それでも私は大谷が野手に専念したら、どれくらい打つのかに興味がある。

メジャーでも、オープン戦の頃は日本ハム時代と同様に右足を大きく上げるフォームだった。一本足打法を思わせるほど足を上げ、軸足に蓄えた力をボールにぶつけるような打ち方をしていたわけだ。しかし、これではメジャーの高速カットボールや高速ツーシームに対応できない。急遽、右足をほとんど上げずにタイミングを取るノーステップ打法に着手。突貫工事でシーズン本番に間に合わせてしまい、ホームランを連発した。この適応力、判断力には驚かされた。

ノーステップ打法は目線のぶれが少なく、よりシンプルな動作でボールを待てる。しかし、短所もある。体重移動が限られる分、よほどパワーのある選手でないと飛距離を出せない。ノーステップであれだけの飛距離を稼げる大谷のパワーは、明らかに日本人離れしている。ボールをとらえたときの姿勢も実に美しい。従来の日本人打者でいえば、アベレージヒッターのような打ち方をした打球が楽々スタンドインしている印象だ。

今後もピッチャーを続ける限り、故障の不安はつきまとう。ご存じのようにメジャー球

はNPBの公式球より一回り大きく、わずかだが重い。その分、ヒジや肩への負担は大きい。若いうちはまだいいが、30歳を過ぎて二刀流を貫くのは難しいのではないか。

　私は、それまでに野手一本に絞る道を選択してもいいと思っている。強肩俊足なのだから、外野手として大成功するだろう。「ミート力」「長打力」「走力」「守備力」「送球力」を兼ね備えた、いわゆる5ツールプレイヤーの誕生である。

　これまでの日本人選手のシーズン本塁打の最高は松井秀喜の31本。これを超え、さらにメジャーの本塁打王を獲れるとしたら、大谷翔平が最有力候補だ。

悲願のメジャー挑戦、ゴジラを超えられるか

筒香嘉智

ルーキー時代から備わっていた大打者の風格

イチローと松井秀喜がメジャーに行ってしまって以降、日本で最高のバッターと言ったら、私は迷うことなく筒香嘉智《つつごうよしとも》の名前を挙げる。これまでの実績はもちろん、とにかくバッターボックスに入ったときのたたずまいに風格がある。

実は「俺が四番だ」、「俺が試合を決める」という空気をもった選手というのはなかなかいない。いい状態のときの松井秀喜がそうだったし、落合博満や長嶋さん、王さんもそんなムードを醸し出していた。ピッチャーを見下ろしているとでもいうのか、剣豪にたとえれば、懐が深く、どこへ投げても打たれるような雰囲気があるのだ。だから、ピッチャーは魅入られたように甘いコースに投げてしまう。

第4回WBCで監督の小久保裕《ひろ》紀《き》が筒香を四番に据えてバッティングオーダーを組ん

RAYS

25

DATA

所属		
タンパベイ・レイズ		
ポジション	年齢	
3塁手兼外野手	28	
打率	HR	打点
0.272	29本	79点
身長	体重	
185cm	97kg	
投打		
右投げ・左打ち		
経歴		
横浜高		

だのは当然だろう。巨人の菅野智之が筒香に対してはギアを一段上げ、目の色を変えて投げた気持ちもわかる。余談だが、近年はこうした名勝負が少なくなった。筒香もパ・リーグにいたら、もっと多くの一流投手と真っ向勝負をできたはずだ。

　思えば、彼がプロに入ってきた頃から、その噂は耳に入ってきた。私がまだヤクルトでコーチをしていた時期で、当時、横浜の打撃コーチをしていた杉村繁が「伊勢さん、こいつはモノが違いますから」とべた褒めだった。

　筒香のバッティングの魅力は、自分のポイントまでしっかり引きつけてバットを強振できることだ。変化球が来ても体勢が崩れないから、ボールを拾える。だから、打率３割と40本塁打をマークできるのだ（２０１６年には打率・３２２、44本塁打、１１０打点）。

　もう１つ、ほとんどステップしないで軸回転で打つのも筒香のバッティングフォームの特徴である。一般にバッティングフォームには、足を上げて前後の体重移動でインパクトの瞬間に力を伝える打ち方と、狭いスタンスで体を回転させる打ち方がある。多くの日本人選手は体重移動で打っている。一方、ノーステップに近い軸回転で打つタイプは筋力の強いメジャーリーガーに多い。

　私は筒香が足を上げて体重移動で打つようになったら、60本塁打も可能だと書いたことがあるが、本人はあくまでメジャー志向だったのだろう。

25 筒香嘉智 RAYS

あくなき探究心がアダとなっている

二軍では高卒1年目のシーズンから2年連続ホームラン王を獲得するなど格の違いを見せつけていたが、一軍のレギュラーに定着し、規定打席にも足りたのはプロ5年目。同じ右投げ左打ちの強打者である松井秀喜や村上宗隆よりかなり遅咲きである。

それもこれも筒香が妥協することなく理想のバッティングフォームを探し求めた結果だったと、私は考えている。まるで求道者のような姿勢は今も変わることなく、毎シーズン、フォームのマイナーチェンジを行っている。ステップの幅、構えたときのバットの位置、足を上げる微妙な高さ、テイクバックの取り方……。こうした微調整を常に行っているから、シーズンごとに違う筒香を見ることになるのだ。

おそらくメジャーで通用するかどうかを1つの基準にしていたのだろう。ＷＢＣで主軸を打った経験、ドミニカのウィンターリーグで武者修行した経験も影響していそうだ。

しかし、はっきり言って私は考えすぎだと思う。フォームの改造を繰り返すことの弊害はタイミングが狂ったときの対処が難しくなることである。一度狂ってしまったタイミングは、もう一度よかった状態のときのフォームに修正しても戻るとは限らない。バッティングのタイミングとはピッチャーとの間合いの中で取るものであり、本人の感覚でしか理

解できない、恐ろしくデリケートなものなのだ。

２０１９年はキャンプで見たときから心配だった。重心を低くして、バットは寝かせたノーステップ打法。これが成功したか否かは打率・２７２、29本塁打、79打点という成績が物語っている。自身最多の１４１個の三振を喫したのはタイミングが合ってなかったからだ。ここに来たら絶対に打てるというツボまで失ってしまった。

それでも私は筒香ならレイズで松井秀喜以上の成績を残す可能性はあると思っている。現時点では、テクニックもパワーも兼ね備えた日本で最高のバッターだからだ。

走攻守すべてがハイレベルの安打製造機

秋山翔吾

長打もある、穴の少ないバッティング

少し前まで大卒のプロ野球選手と言えば、東京六大学か、東都大学リーグ出身、あとは関西六大学出身がほとんどだった。ところが、10年ほど前から地方の大学リーグからも続々と魅力的なスター選手が誕生するようになった。その先駆けと言っていい存在が八戸学院大出身の秋山翔《しょう》吾《ご》だろう。同じ年に広島経済大の柳田悠岐がソフトバンクに入団しているのも、偶然とはいえ地方大学の時代を象徴している。

なぜ、地方大学から有力選手が生まれるのか。東京や関西の強豪大学が勝利至上主義であるのに対し、地方の大学は育成に主眼を置いている。つまり、長期的視野に立って野球部を強くしているように思う。東京や大阪や京都と違って、周囲に遊ぶ場所が少ないという環境も野球に没頭するにはもってこいだ。

REDS

4

DATA

所属	
シンシナティ・レッズ	

ポジション	年齢
外野手	31

打率	HR	打点
0.303	20本	62点

身長	体重
184cm	85kg

投打
右投げ・左打ち

経歴
横浜創学館 - 八戸大

さて、地方大学出身の星でもある秋山だ。とにかく走攻守のどれもが高いレベルにある。プロ2年目には規定打席に達し、打率・２９３。5年目にはシーズン２１６安打の日本記録を達成した。最多安打のタイトルを4回（首位打者1回）獲得しており、今や球界最高の安打製造機と言ってもいいだろう。

ここ3シーズンは20本塁打以上を記録しており、長打力もついた。加えて盗塁もできる。だから、リードオフマンはもちろん、三番あたりを打ってランナーを還す役割を果たすこともできるのだ。

バッティングはボールをじっくり見て、自分のポイントまで呼び込んで打つ形が何より素晴らしい。腰が回り出すのをギリギリまで我慢し、スイングの開始を遅らせることができている上、肩が開かない。しかもスイングスピードは速い。だから、スピードボールに差し込まれたり、緩い変化球に泳がされたりすることがない。厳しい外寄りのボールはファウルで逃げられるし、内寄り真っすぐを上手にさばくこともできる。

プロ9シーズンでゴールデングラブ賞は6度。強肩なのはもちろん、俊足を飛ばして、右中間、左中間の大飛球に追いつくシーンを何度も見せられた。

打てて、走れて、守りも一級品。日本を代表する外野手であり、タイプとしては日本にいた頃のイチローに近い。本人がメジャー挑戦を望んだのは当然だろう。

メジャー1年目は青木超えを目指せ

私は秋山をイチロー（180センチ、79キロ）と同じくらいの体格の選手だと思っていた。しかし、身長184センチ、85キロだから、イチローより一回り大きい。ちなみに日本のプロ野球選手の平均身長が約181センチである。日本人選手も大きくなったとは言っても、ダルビッシュ有や大谷翔平クラスの選手がゴロゴロいるメジャーでは、秋山のサイズはやはり小柄な部類に入る。

アストロズのホセ・アルトゥーベのように168センチしかなくても、30本以上のホームランを打つプレーヤーもいるが、これは例外だ。日本にいたときと同じような数字を残せる野手は少ない。イチローは打率を捨てて長打を狙っていたら、ホームランが増えただろうとも言われる。しかし、それより単打で出塁する道を選んだ。日本で50本塁打をマークした松井秀喜でさえ30本塁打がせいぜいだったという現実を忘れてはいけない。

走力と守備力はメジャーでも及第点なのだから、秋山が移籍先のレッズで目指すのはイチローや青木宣親と同様にリードオフマンタイプだろう。

秋山と同じく大卒の青木は、日本で8年間プレーして海を渡った。メジャー1年目に主に一番を打って、打率．288、10本塁打、50打点、30盗塁。秋山が目標とするなら、

このくらい数字が現実的ではないか。

私はリスクを冒してメジャーに挑むより、日本に残ってＦＡで他球団に移籍するか、ＦＡ残留するかして高額年俸を手にすべきだったと思う。

しかし、もともと秋山の志は高かった。日本代表としてプレミア12、ＷＢＣなど国際試合には積極的に参加してきた。メジャー移籍を控えた第2回プレミア12では強化試合で右足に死球を受け、薬指を骨折してしまった。そもそもケガの心配を考えれば日本代表を辞退する道もあった。しかし秋山は常に未来を見据え、レベルの高い野球を求めている。その心意気は大いに評価したい。

コラム 1

東京五輪のベストメンバーを選ぶ

過去のオリンピックを見ると、投手の数はアテネが 11 人、北京が 10 人だった。東京五輪でも登板間隔や球数の制限はあるため、稲葉監督は投手 11 人制で臨むのではないか。となると野手は 13 人しか登録できない。

先発の柱は、千賀滉大（ソフトバンク）と菅野智之（巨人）だ。ともにコンディションさえ問題なければ、先発の両輪である。則本昂大（楽天）、高橋礼（ソフトバンク）、今永昇太（DeNA）も入れたい。

残りの 6 人は救援陣になる。ストッパーは山崎康晃（DeNA）。開催球場が地元・横浜スタジアムというのも強みだ。他には甲斐野央（ソフトバンク）と山本由伸（オリックス）は文句なしに入る。残る 3 人は松井裕樹（楽天）、藤川球児（阪神）、大野雄大（中日）を推したい。

捕手は會澤翼（広島）、甲斐拓也（ソフトバンク）の 2 人。森友哉（西武）は DH で起用し、いざというときには捕手として使える。

ファーストは浅村栄斗（楽天）、セカンドは山田哲人（ヤクルト）。国際試合では守備のミスが致命傷になるため、ショートには源田壮亮（西武）、そしてサードには坂本勇人（巨人）を入れたい。

外野は鈴木誠也（広島）、近藤健介（日本ハム）、柳田悠岐（ソフトバンク）。控えは岡本和真（巨人）と、内野も守れる外崎修汰（西武）。韋駄天の周東佑京（ソフトバンク）も 1 点を取りに行くときの代走として欠かせない戦力だ。

第2章

次世代スター候補

松井秀喜に次ぐ、名門球団不動の四番へ

岡本和真

並外れた下半身から生まれるセンター方向への本塁打

高卒の野手だったら4、5年以内、大卒・社会人出身の野手なら2年以内にレギュラーポジションを獲得できないようだと超一流の選手にはなれない。これはプロの世界ではよく言われることだ。たとえば、巨人の高卒選手で言えば、王さんも、松井秀喜も、坂本勇人も2年目には規定打席に到達している。

その意味では、プロ4年目でようやく一軍に定着した岡本和真《かずま》はギリギリ間に合ったクチと言えるだろう。それまでプロ3年間で一軍ではホームランわずか1本の選手でしかなかったが、２０１８年は全試合に出場して、打率・３０９、33本塁打、１００打点。なんでも前年に打点がひと桁だった選手が翌年3桁になったのは史上初めてのことらしい。

この急成長は巨人の前監督・高橋由伸が開幕から我慢して四番で使い続けたおかげだ。

GIANTS
25

DATA

所属		
読売ジャイアンツ		
ポジション	年齢	
内野手	23	
打率	HR	打点
0.265	31本	94点
身長	体重	
185cm	96kg	
投打		
右投げ・右打ち		
経歴		
智弁学園		

いくらオープン戦で結果を出したからと言って、実績はゼロに等しい。それを名門チームの四番に据えるのは、他に有力な四番候補がいなかったという事情もあったとはいえ、かなりの覚悟が求められる。失敗すれば叩かれるのは必至だ。「四番・岡本」は由伸が巨人に残した最大の遺産とも言えるだろう。

プロ1年目のキャンプの頃から才能を感じさせるものがあった。たまたまヤクルトと巨人の二軍が練習試合をしたのだが、その際、打撃コーチの内田順三に呼ばれたのだ。

「伊勢さん、新人の岡本をちょっと見てよ。すごくいいものをもってるから」

試合前のバッティング練習をじっくり見させてもらったのだが、感心したのはセンターからライト方向にしか打たないことだった。聞けば、コーチの指示によるものではなく、自分で意識的に打っているという。しかも、試合本番ではいきなり初回に、新垣渚の初球の真っすぐを引っ張ってレフト場外に運んだ。これには驚いた。

よく言われるように岡本の長所はセンター中心に右方向へも強い打球を打てることだ。これはオープンスタンスの構えから、踏み出す左足がきっちりスクエアの位置に出ているため、無理なくボールを叩けている証拠である。さらに岡本を見て魅力的だなと思うのは185センチで約100キロの体はもちろん、尻の大きさ、ふくらはぎや太ももの太さだ。飛距離を生むパワーの源はこの並外れた下半身にある。

25 岡本和真 GIANTS

品のいい打球を打って、打点王を目指せ

2019年、前年と同様に四番に座った岡本だが、成績は打率・265、31本塁打、94打点と打撃三部門とも数字を落とした。他球団が岡本を徹底的に研究し、攻め方が前の年とは比較にならないほど厳しくなったのだから、当然だろう。なんとかシーズン終盤からクライマックスシリーズ、日本シリーズにかけては調子を取り戻したが、夏頃までは明らかにフォームが崩れていた。

岡本の調子が落ちているときは、バッティングフォームを見れば一目瞭然だ。ステップした左足が平行に移動せず、すっかり開いた状態で打ちに行っている。最悪の状態のときは左肩まで大きく開いてしまっていた。当然、ボールをしっかり叩けず、引っかけ気味の内野ゴロが増える。

つまり、岡本が1年目に自分の意思で行っていた、センター中心に打ち返すバッティング練習は理に適っていた。足も肩も開かないで打つからこそ、外の球にも対応できるし、岡本クラスのパワーがあればスタンドにも届いてしまうのだ。

バッティングには品のいい打球と品の悪い打球がある。では、品のいい打球とはどんな打球なのか。わかりやすいのは、外寄りのコースのボールに対し、バットをきれいに振り

抜き、センター方向に飛んで行く打球だ。岡本はそんな品のいい打球をホームランにできる長距離砲である。この打ち方がしっかりできていれば、インサイドの甘いボールを引っ張ってレフトに打つことは難しいことではない。

　真価が問われるのはレギュラーとなってからの3年目である。東京ドームのような狭い球場を本拠地としているのだから、40本塁打はほしい。もう1つはタイトルだ。二番・坂本、三番・丸という球界屈指の出塁率を誇るバッターが前にいるのだから、3割を打てば打点は120程度には届くのではないか。タイトル獲得の自信はさらに岡本を成長させるはずだ。

長打力としぶとさを兼ね備えた核弾頭

茂木栄五郎

EAGLES

5

DATA

所属	
東北楽天ゴールデンイーグルス	

ポジション	年齢
内野手	26

打率	HR	打点
0.282	13本	55点

身長	体重
171cm	75kg

投打
右投げ・左打ち

経歴
桐蔭学園 - 早稲田大

球界のエースを粉砕した粘りのバッティング

「茂《も》木《ぎ》栄《えい》五《ご》郎《ろう》」という時代劇にでも出てきそうな、古めかしい名前が脳裏に強烈に刻まれたのは２０１７年の交流戦の開幕戦、巨人との試合だった。

楽天は満を持して登板した巨人の菅野智之を攻略するため、スタメンに7人の左バッターを並べた。その結果、相手エースを木っ端みじんに粉砕し、13対5と圧勝したのだが、一番の立役者はプロ2年目、トップバッターで起用された茂木だった。

茂木は3球で2ストライクと追い込まれると、ここからバットを短く持って粘りに粘った。スライダー、ツーシーム、カットボール、ワンシーム、カーブと、菅野の持ち球をほとんど投げさせた上で、10球目をレフト前に弾き返し、いきなり菅野のリズムを狂わせたのである。とにかく後続のバッターにつなごうという意思にあふれた茂木のしぶといバッティングが鮮やかで、これぞプロという打席を見せてもらった。

このシーズンの菅野は17勝5敗、防御率1・59と、ほとんど打たれていない。それだけにこの日の楽天打線とその核弾頭として機能した茂木の存在は光った。

シーズン1年目から規定打席に到達し、打率・278、40打点。新人王こそ日本ハムの高梨裕稔《ひろとし》（現ヤクルト）に譲ったが、ショートという負担が大きいポジションを考えれば十分な成績である。驚くべきはこの年、ランニングホームラン2本、初回先頭打者初球ホームラン3本を記録していること。前者は日本タイ記録であり、しかも2リーグ制後、新人としては初（他に木塚忠助ら3人）、後者はパ・リーグ記録である。こうした珍しい記録に縁があるのは、スター選手となれる証拠だ。ファンへのアピールも大きい。

バッティングフォームはテイクバックが小さく、フォロースルーが大きい。いわゆる後ろを小さく、前を大きくすることで、しっかりボールを引きつけて、広角に打つことができる。スイングも速い。パ・リーグの左バッターに多いタイプだ。

2019年は前年の左肩痛も癒え、キャリアハイとなる160安打を記録した。このあたりに精神的な強さを感じさせる。伝え聞くところによれば、「いい加減、やめろ」と言われるほど練習する性格らしい。171センチ、75キロの小さな体を補っている強靭な足腰はこうした厳しい練習の賜物なのだろう。

5 茂木栄五郎 EAGLES

打撃を活かすためにはコンバートも視野に

大学時代の定位置はサードだった。それがプロに入って、ショートでスタメン出場するようになったのはチーム事情からだ。持ち前のガッツと練習量でなんとかこなしているが、お世辞にもうまいとは言えない。源田壮亮（西武）のように守備範囲が広いわけでもないし、今宮健太（ソフトバンク）のような強肩でもない。失策が少ないのは、捕れる範囲の打球を堅実にアウトにしているということである。

近い将来は守りの負担を軽減するためにも、本職のサード、あるいは外野への転向はあり得るだろう。

打順については一番が適任だと考える。先に述べたように、相手の先発ピッチャーに球数を投げさせ、後続のバッターに情報を伝えることもできるし、持ち前のパンチ力でダメージを与える一打を放つことができる。

面白かったのは2017年の「一番・茂木、二番・カルロス・ペゲーロ」の打順。二番に最強打者、あるいは攻撃的打者を置くのは近年のトレンドだが、2人合わせて43本塁打、122打点。それまでの楽天にはなかった破壊力十分の一・二番コンビを形成した。今シーズンは誰が二番に入ってくるのか。従来のつなぎの二番なのか、犠打をしない長打の二番

なのかによって茂木の役割も変わってくる。茂木自身、走力に優れているわけではないので、私は攻撃的二番との組み合わせが向いていると思う。

　誰と組むにしても、まずは3割をマークすることだ。昨年も8月までは3割を大きく上回りながら、終盤に失速して打率・282に終わった。当たれば、そこそこ飛距離も出るだけに、ホームランへの色気があるのかもしれない。しかし、ホームラン20本をクリアするタイプかと言えば、そうではないだろう。

　今シーズンからはキャプテンにも就任した。相手バッテリーが嫌がるリードオフマンとしてチームを牽引してほしい。

将来の球界を担う「和製ベーブ・ルース」

清宮幸太郎

FIGHTERS

21

DATA

所属
北海道日本ハムファイターズ

ポジション
内野手

年齢
20

打率
0.204

HR
7本

打点
33点

身長
184cm

体重
102kg

投打
右投げ・左打ち

経歴
早稲田実

ツボにはまったときの長打は超一級品

2019年の交流戦、札幌ドームで行われた日本ハム対ヤクルトの3連戦で、ともにプロ2年目の清宮幸太郎と村上宗隆がスタメンに名前を連ねて話題になった。村上が3試合で11打数4安打、4打点、1本塁打と打ちまくれば、清宮も第3戦で4打数2安打1打点と気を吐いた。シーズントータルの成績を見れば、36本塁打、96打点の村上に対し、7本塁打、33打点の清宮の成績は明らかに見劣りする。しかし、私は彼の将来性についてはまったく悲観していない。

清宮のいいところはボールを遠くに飛ばす能力。この世界でよく言われるように、これだけはもって生まれたものが大きく、コーチの指導だけでは限界がある。高校通算111本塁打という桁外れの記録は才能がなければ達成できるものではない。

彼の飛距離の要因はスイングスピードにある。しかも構えたところから最短でバットが出ているし、１８４センチ、１０２キロという恵まれた体もある。ツボにはまったときの打球の角度はまさにホームランバッターのものだ。

もう１つ清宮で注目したいのは背中。背筋が強いから、体がブレることなく、しなやかで力強いスイングができる。聞くところでは、高校時代から筋力トレーニングなどで背筋を鍛えることに熱心だったらしい。ホームランバッターに共通するのは腕力や腹筋ではなく、背筋の強さだ。なまじ腕力に頼ると手打ちになってしまう。その意味でも清宮のトレーニング方法は間違っていない。

球団としては大谷翔平に代わるスター候補に育てたいはずだ。時間は少しかかるかもしれないが、球界を代表するホームランバッターになる可能性は高いと私は踏んでいる。「和製ベーブ・ルース」とも呼ばれる明るいキャラクターも申し分ない。人を惹きつけるオーラというか、スター選手特有の華がある。こればかりはどんなにトレーニングを積んでも得られるものではない。

村上との比較で言えば、セ・パのピッチャーのレベルの違いや、札幌ドームという広い球場を本拠地としている不利もある。近い将来、剛腕投手がひしめくパ・リーグでホームラン王を獲るようなら、そのときこそＷＢＣの有力な四番候補だ。

21 清宮幸太郎 FIGHTERS

ヒザを柔らかく使えば、厳しいボールにも対応できる

誰が見ても魅力たっぷりの素材ではあるが、現時点では課題も山積みだ。

まず守備力と走力はプロのレベルには達していない。もちろん、首脳陣もファンも清宮には盗塁など期待していないわけだから、とにかく猛練習で一塁守備を磨くことだ。昨年もオリックス戦の7回二死から吉田正尚の痛烈な打球をグラブに当てながら止められず、杉浦稔大の完全試合を消したことがあった。レギュラーを張る以上、ルーキーだろうが、プロ2年目だろうが、味方の足を引っ張るような守備はいただけない。

バッティングについてはヒザが硬い。もともと高校時代から真ん中より少し外の高めには強かった。飛距離も出る。しかし、プロのピッチャー、とくにパ・リーグに多いパワー系のピッチャーが放る高めのボールには威力がある。しかも内角、外角の厳しいコースを突くコントロールもある。ツーシーム、カットボールといった高速変化球も全盛だ。

だから、ヒザを柔らかく使って、外寄りのボールを拾うバッティングを覚えないと打率は上がらない。それができれば、清宮が得意とする真ん中周辺の甘いボールも来るようになる。そのボールを確実に仕留めることができれば、ホームランは自然に増えるだろう。そのためには中腰になって行うティーバッティングなどが有効だ。腰も足もパンパンにな

るが、これを続けるうちに柔らかいヒザの使い方を体が覚えていく。
　今のままだと左ピッチャーの外角のスライダーにはまるっきりバットがついて行かないし、追い込まれると、強い真っすぐに完全に差し込まれてしまう。オープンスタンスも気になる。そのほうが視界もよく、インコースのボールに対応しやすいのだろうが、しっかり踏み込むことができないとアウトコースが遠く見える分、芯でとらえるのは難しい。
　栗山監督は将来を見越して四番も経験させたが、現状では六番、七番のレベルだ。課題を1つひとつ克服しながら、真の四番に成長してほしい。

素材は申し分なし。金の卵はいつ孵るか

根尾　昂

Dragons
7

DATA		
所属		
中日ドラゴンズ		
ポジション	年齢	
内野手	19	
打率	HR	打点
0.210	2本	33点
身長	体重	
177cm	80kg	
投打		
右投げ・左打ち		
経歴		
大阪桐蔭		

甲子園大会で目を見張らされた「懐の深さ」

2018年のドラフトの話題をさらったのは根《ね》尾《お》昂《あきら》（大阪桐蔭→中日）、藤原恭大（大阪桐蔭→ロッテ）、小園海斗（報徳学園→広島）の高校生野手3人だった。3人とも一軍での出場機会を得たが、そこそこ結果を残したのは打率は・213ながら、4本塁打を放ってパンチ力があることを見せつけた小園だけ。藤原は開幕一軍こそ果たしたが、6試合に出場し、2安打2打点。二軍で基礎を身につけるシーズンとなった。

根尾に至っては1月に肉離れで出遅れ、開幕は二軍スタート。シーズン最終盤に一軍デビューを飾ったが、2度打席に立って、2三振に終わっている。

実は、高校生の段階で見たとき、一番可能性を感じたのは根尾である。将来的には鳥谷敬《たかし》のようなプレーヤーになるのではないかというのが、私の見立てだった。つまり、走攻

守のバランスに優れ、打率も稼げるし、ツボにくれば長打も期待できるショートストップに育ってくれるだろうと判断したのだ。

甲子園大会での試合を見たときも、そのバッティングセンスに唸った。手元までボールを呼び込んで打てる懐の深さはとても高校生とは思えなかった。

バッティングにおける「懐の深さ」とはどういうことか。見逃がすべきボールか、打つべきボールかを普通の選手より、遅くすることができるということだ。0コンマレベルのわずかな差でしかないのだが、これが一流選手と二流選手とを分ける。おそらく並外れた動体視力が備わっているのだろう。ボールを長く見ることができるから、それだけ自分のポイントで打てるし、根尾のように高度なバットコントロール技術があれば、ギリギリまでボールを見て、逆方向へ払うようにクリーンヒットを打てる。

もう1つ、根尾が高校時代は二刀流だったことを忘れてはいけない。ピッチング練習にも時間を当てているはずだから、バッティングやショートのフィールディングの練習に割く時間は他の選手より、かなり少なかったと考えていい。つまり、野手としては攻守ともに未完成。小園や藤原より伸びしろは大きい。

伝え聞くところによれば、頭脳明晰で学習能力は高いらしい。これも鳥谷敬のようなクレバーな選手像を予感させる。

7 根尾 昂 Dragons

バッティングの「間」が消えてしまった

根尾はプロ1年目、高卒新人ながらウエスタンリーグで108試合に出場し、444回打席に立った。球団の期待の大きさが表れている。

しかし、成績は芳しくない。打率・210、2本塁打、33打点。三振が127個もある。過去にドラフト1位で入団したスラッガーのルーキー時の二軍成績と比べても、かなり悪い。高校時代にあれほど輝いていた根尾はどこに行ってしまったのか。

夏頃に彼のバッティングを見る機会があったのだが、一言でいえば「間」がない。野球はピッチングだけでなく、バッティングも「間」が重要だ。バットを構えて、引いて、ミートするまでを「1、2、3」のリズムでとらえるとしようか。一流のバッターは「イチ、ニ～、サン」と、「2」の状態、つまりトップに入ったときに一瞬の「間」をつくっている。ところが、この頃の根尾は「イチ、ニ、サン」と、「間」がまるでない状態でスイングしていた。トップの位置からすぐにバットが出ているのだ。当然、ボールをじっくり見られないから、悪球にも手を出し、三振も増える。

監督やコーチに、テイクバックをゆっくり大きくし、ボールとの距離を取るように指導されたのではないか。しかし、いくらテイクバックを大きくしても「間」がなければ同じだ。

結果的に、高校時代には見られた「懐の深さ」も消えてしまった。

しかし、シーズン最終盤に復調の兆しが見られた。9月だけに限れば、14試合で打率.379、長打率.586の成績を残した。彼なりに何かつかむものがあったはずだ。

高卒の金の卵を育てるのは難しい。球団としては早くスター選手にしたい。一方、指導者は金の卵を孵化させ、自分の功績にしたいと考える。こうした環境で潰れていった素材を私は何人も見てきた。根尾ほどの選手なら放っておいて、自分で考えさせたほうがいい。コーチは本人が戸惑い、聞いてきたときだけ、教えればいいのだ。

チームの雰囲気を変える
リードオフマン

近本光司

〝強い阪神〟に欠かせない存在感

２０１９年、阪神が3位に滑り込めた立役者は間違いなく近本である。チームの調子と近本の状態はほぼ連動しており、序盤の好調を支えたのも、９月に打率・３２８と打ちまくって終盤の追い込みを可能にしたのも近本光司《ちかもとこうじ》だった。

シーズントータルでは、１４２試合に出場して打率・２７１、９本塁打、42打点。36盗塁でヤクルトの山田哲人（33盗塁）を破っての盗塁王も見事だ。社会人時代に都市対抗野球の最優秀選手賞「橋戸《はしど》賞」を獲得したとはいえ知名度はなく、ドラフトで指名されたときは、阪神ファンの多くが「チカモトってどんな選手？」と思った違いない。そんな無名の選手が1年後には全国区のプレーヤーとなった。

その働きと貢献度はクリーンアップ以上で、クライマックスシリーズのファイナルス

Tigers
5

DATA

所属		
阪神タイガース		
ポジション	年齢	
外野手	25	
打率	HR	打点
0.271	9本	42点
身長	体重	
170cm	72kg	
投打		
左投げ・左打ち		
経歴		
関西学院大 - 大阪ガス		

テージ、巨人との第３戦で放った一打はその象徴にも見えた。１点差に詰め寄った5回表、二死満塁の場面。高木京介の真っすぐを思い切り振り抜くと、打球は右翼線に弾み、走者３人が帰る三塁打となった。近本が沈んだ阪神ベンチの空気を変えたのは明らかで、巨人に一矢を報いたのだった。

とにかく塁に出るのがリードオフマンの役割である。近本は長嶋さんの１５３本を超える１５９本のヒットを積み重ね、セ・リーグの新人記録をつくった。ただし、長嶋さんは１３０試合での記録であり、出場試合が１４２試合もある近本とは一概に比較できない。しかも、長嶋さんの１年目の記録は打率・３０５、29本塁打、92打点、37盗塁。一塁ベースの踏み忘れがなければ、ホームランは30本に届き、新人でいきなりトリプルスリーをやってのけていたというのは今も語り草だ。

それでも、天下の長嶋さんと比べられるのは名誉なことである。知名度も人気も上がるし、チームも盛り上がる。

長嶋さんの時代と違って、今はデータ野球である。相手投手のクセなどの情報がない中で、盗塁王獲得経験のある山田哲人、大島洋平に勝ったのは評価したい。守備範囲も広く、向こう10年、センターのポジションは近本に任せられるのではないか。「強い阪神」に欠かせないピースが１つ揃ったと思う。

5 近本光司 Tigers

ホームランは捨て、出塁率を高めよ

近本の打撃フォームの特徴はステップする右足を高く上げて、一本足打法のような形でタイミングを取ることだ。１７０センチと小柄であってもパンチ力があるのは、それだけ体のバネが強いからだろう。さらにバットがボールをミートする瞬間、左手を被せるようにヘッドを立ててスイングする。だから、三遊間方向に強い打球が打てるし、足が速いから内野安打は増える。

ただし、夏場を迎えて調子を落としたときはテイクバックが上手にとれずに、体重が尻にかかり過ぎてしまう傾向があった。バットに力が伝わらないため、必然的に凡打が増えた。３割を超えていた打率が６月頃から一気に急降下したのはそのためである。社会人を経験しているとはいえ、１シーズンを乗り切るには体力が必要なのだ。

その意味でも真価が問われるのは２年目である。同じ阪神の外野手、高山俊は２０１６年に打率・２７５、８本塁打、65打点と、近本とそん色のない成績を挙げて新人王を獲得しながら、２年目以降伸び悩んでいる。ただ、近本は高山にはない守備力と走力があり、総合力で判断すれば、今の阪神に代わりの選手は見当たらない。

では、この先、近本がどういうタイプの選手を目指すべきか。パンチ力があるから、長

打も期待できる。ホームランを20本近く打つ可能性もあるだろう。

　しかし、彼に求められるのは、どんな形でもいいから、出塁して相手バッテリーの注意を自分に向け、後続のバッターを助けることだ。相手もそれを一番嫌がる。さらには盗塁を成功させて、チャンスを広げる。そして、クリーンアップの攻撃でホームに帰って来ること。つまり、1本のホームランより、1個のフォアボールを大事にしてほしい。

　1年目の31四球は少なすぎる。近本がフォアボールを増やし、出塁率が4割を超えるような選手に成長すれば今季の阪神は面白い。

虎の四番として「覚醒」はあるのか

大山悠輔

Tigers

3

DATA

所属	
阪神タイガース	
ポジション	年齢
内野手	25

打率	HR	打点
0.258	14本	76点

身長	体重
181cm	85kg

投打
右投げ・右打ち

経歴
つくば秀英 - 白鴎大

フォロースルーの大きい右の長距離砲

この10年ほど、阪神は致命的な問題を克服できていない。それは四番にふさわしい和製大砲の育成だ。広島の鈴木誠也、巨人の岡本和真、横浜の筒香嘉智、ヤクルトの村上宗隆に匹敵するような、シーズン30本以上のホームランを期待できる野手が一向に現れず、それがリーグ優勝に届かない原因にもなっている。

候補は何人もいた。中谷将大《まさひろ》、江越大賀《たいが》、原口文仁《ふみひと》、陽川尚将《ようかわなおまさ》、大山悠輔《ゆうすけ》……。最初に萌芽を見せたのが中谷だ。2017年に規定打席に到達し、20本塁打。しかし、その後は低迷したまま、外野のレギュラー奪取には至っていない。

2018年シーズンの終盤に大砲の片鱗をのぞかせたのが大山悠輔だった。一時はファームに落とされていたが、夏場に一軍復帰を果たすと、9月だけで9本塁打、23打点、打率・４１５と大爆発。金本知憲前監督がドラフト１位指名に踏み切ったのも納得できる打棒を見せつけたのである。

この時期の大山はボールをスムーズにとらえていた。それまではチームの方針なのか、無理に右打ちをしようとしてバッティングが窮屈になる傾向にあった。しかもインコースに対しては体が開き、アウトステップ気味になってしまうため、とらえたと思った打球がことごとくファウルになった。

しかし、この頃からなぜかステップはスクエアに戻り、トップの位置からシャープにバットが振り下ろされるようになったのである。球界ではしばしば「バットを引っ張ってくる」という表現をするのだが、大山はその「引っ張り」のかたちがよくなった。おかげで、インコースにもアウトコースにも無理なく対応できるようになった。素人目にもバッティングが柔らかくなったのがわかったはずである。

もともとフォロースルーの大きさに特徴があり、飛距離は出る。阪神にとっては待望の右の長距離砲誕生を予感させた。

金本の後を継いだ新監督の矢野燿大も当然、大山には打線の中心となることを期待し、２０１９年は四番で使い続けた。しかし、期待に応えられなかった。矢野も我慢して使い続けたが、１０６試合目に四番を外され、六番に降格した。

3 大山悠輔 Tigers

配球を読めなければ四番は打てない

阪神の四番は辛い。掛布雅之や金本知憲のように打って結果を残せば、ファンにもマスコミにも持ち上げられる。しかし、打てなければ、まったく逆の反応が待っている。チームの不調が続けば四番の責任がことさらに問われる。とくに2019年の阪神はチーム防御率3・46と、12球団トップの成績を挙げただけに、主力打者の頼りなさは嫌でも目立ってしまった。

重圧に勝てなかったのか、交流戦の頃からチャンスで凡打してはうつむいてベンチに帰ってくる大山の姿をよく見るようになった。フォームも前のシーズン終盤のような柔らかさはなくなった。打ちたいと思う気持ちが強過ぎるのだろう。スクエアにステップした足がいつのまにかアウトステップするようになっていた。

アウトステップして体が大きく開くフォームでもうまく打っていたのは、私が見てきた限りでは落合博満くらいである。長嶋さんも晩年、頭部に死球を食らった影響で体が開くようになったが、あの人は天才だから普通の野球選手の参考にはならない。

もう1つ気になったのは、大山が配球を読んで打席に立っているようには見えないことだ。狙い球がしっかり絞り切れていないから、1球目から何でも振りにいってしまう。せっ

かく迎えた得点機で、どうして初球のこんな難しいボールを打つんだと、私も何度も首をひねったものである。

　もし、阪神の首脳陣が今後も大山に四番を任せる気なら、相手バッテリーの配球を読むコツを教えたほうがいい。あるいは大山自ら先輩野手に配給の読み方、狙い球の絞り方を学ぶべきだろう。福留孝介のようないいお手本がいるではないか。

　いくら甲子園が広いと言っても、シーズン14本塁打は少なすぎる。右打者の大山は浜風も味方にできる。このままでは六番、七番が定位置になってしまうだろう。

底知れぬ爆発力、
「令和の怪物」誕生か

村上宗隆

広角に打てる、体も心もタフな長距離砲

２０１９年、最下位に沈んだヤクルトにおいて唯一明るい話題を提供したのが、プロ2年目の村上宗隆《むねたか》だ。いわゆる〝清宮世代〟だが、ドラフト時に〝高校ビッグ3〟と称された清宮幸太郎(日本ハム)、安田尚憲《ひさのり》(ロッテ)、中村奨成《しょうせい》(広島)が伸び悩んでいるのを尻目に一気にブレークしてしまった。

ルーキーだった２０１８年9月に一軍昇格するや、初打席初本塁打の快挙をやってのけている。しかし、その時点ではこれほどのプレーヤーに急成長するとは誰も予想もしていなかったはずだ。高卒2年目以内ではシーズン36本塁打は中西太さんと並ぶ最多記録だし、96打点は中西さんの日本記録を塗り替えてしまった。

おそらくソフトバンクのような選手層の厚い球団に入っていたら、ファームでじっくり

Swallows
55

DATA

所属		
東京ヤクルトスワローズ		
ポジション	年齢	
内野手	20	
打率	HR	打点
0.231	36本	96点
身長	体重	
188cm	97kg	
投打		
右投げ・左打ち		
経歴		
九州学院		

時間をかけて育てられたに違いない。しかし、ヤクルトにそんな余裕はない。何しろ一時期は打率2割そこそこの村上が四番を任されたほどだ。選手層は薄く、主力にケガ人が出ても代替の人材はいない。早い時期にチャンスが巡ってきたという意味では、村上はいいチームに入ったと言えるかもしれない。

村上の魅力はもちろん長打力にある。とりわけ広角に打てるのが強みだ。一般に右投げ左打ちの長距離砲は引っ張り専門が多い。何かと比較されることの多い松井秀喜も、若い頃は右翼方向へのホームランがほとんどだった。ところが、村上はセンターから左へのホームランが3分の1以上ある。

どうやら原点は中学時代にあるらしい。両翼が狭い練習場だったため、村上の打球はしばしば右翼後方の民家を直撃。監督から逆方向に打つように指示され、それが現在の打法につながっているという。人間何が幸いするか分からない。

188センチ、97キロと肉体的にも恵まれ、高卒2年目にして全試合に出場したタフネスぶりも評価できる。少々のケガや不調があってもゲームに出続けることはスター選手の条件だからだ。新人時代、二軍で16盗塁を記録しているから、思いのほか脚力もある。もう1つはあの太々しい面構えだ。凡打してもうつむくことなく、平然としており、プロで何年もメシを食っているような風格さえ感じられる。

55 村上宗隆 Swallows

松井秀喜を超えるカギは「ヒザの使い方」

〝令和の怪物〟と呼ばれるだけある底知れぬ可能性を秘めてはいるが、バッティングはまだまだ粗削りだ。ツボにハマればとてつもない一発を打つ一方で、相手バッテリーの緩急を巧みに使った配球でフォームを崩され、外角のボール球に簡単にバットが回ってしまうことがある。それが打率・231、三振184という数字にはっきり表れている。クリーンアップを任される打者なら、最低でも2割7分は打ってほしい。

しかも村上の36本塁打、96打点という数字は、優勝を争う環境でプレーして残した結果ではない。優勝を争うチーム同士の対戦であれば、攻め方はもっと厳しくなる。さらに、神宮球場というホームランが出やすい球場も味方した。パワー系のピッチャーが多く、球場の広いパ・リーグだったら、同じ成績を挙げるのは無理だろう。

村上が打ったレフト方向へのホームランは、ほとんどが真ん中より少し外寄りの甘いボールではないか。私が見た限り、外角の厳しいボールは打てていない。村上ほどのパワーとスイングスピードがあるなら、本来、外寄りの甘いボールは引っ張って右中間からライトスタンドに放り込むべきなのだ。そして、外角低めの厳しいボールに対しては逆方向にライナー性の打球を弾き返すか、センターにゴロで抜ける強い当たりを打てるようになれ

ば、アベレージはもっと上がるだろう。
　課題は下半身。とくにヒザの使い方だ。踏み出した右ヒザに余裕がないため、タイミングを外された変化球に対応できなし、インサイドの厳しいコースにも手が出ない。松井秀喜は村上と同様に体が硬いタイプだったが、ヒザの使い方は年々柔らかくなった。だから、落ちるボールを拾うこともできたし、打率も残せたのである。
　もちろん、守備の改善は急務だ。レギュラーを張る以上、ピッチャーの足を引っ張るような守備が許されるのは最初の1年だけである。

近未来の日本球界を担う本格的カットボーラー

山本由伸

メジャークラスの高速変化球の威力

「若手ピッチャーの質の高さで言えば、文句なしにオリックスが12球団一だろう」

これは2年前のキャンプを見た、私を含む評論家連中の忌憚のない見解だった。それほど現在のオリックス投手陣の充実ぶりは瞠目に値する。

2019年もプロ3年目の山岡泰輔《たいすけ》が13勝4敗で最高勝率、やはり高卒3年目の山本由伸《よしのぶ》が8勝6敗ながら防御率1・95で最優秀防御率のタイトルを獲得した。さらに2年目のK－鈴木が4勝、育成出身の榊原翼《さかきばらつばさ》が3勝を挙げ、他にも鈴木優《ゆう》、本田仁海《ひとみ》、漆原《うるしはら》大晟《たいせい》と、150キロを優に超えるパワー系の逸材が揃っているのだ。

これだけ豪腕投手が揃いながら、オリックスが最下位に終わったのは打線が振るわなかったからに過ぎない。打撃コーチ上がりの私から見たら、「野手は何をやっているんだ」

Buffaloes

18

DATA

所属		
オリックス・バファローズ		
ポジション		年齢
投手		21
防御率	勝負	奪三振数
1.95	8勝 6敗	127
身長		体重
178cm		80kg
投打		
右投げ・右打ち		
経歴		
都城		

と思わずケツを引っぱたきたくなる（笑）。

オリックスのスカウト陣にピッチャーを見抜く目の確かさがあるのは間違いない。そして、若手ピッチャーが次々に育つ背景には小林宏、岸田護《まもる》といった二軍投手コーチの手腕があるのかもしれない。一方で、ドラフト戦略の偏りには少々疑問も感じる。

現時点で、誰が見ても潜在能力の高さを感じさせるのは、両リーグを通じて唯一防御率１点台をマークした山本由伸だ。わずか８勝に終わったが、西武かソフトバンクにいたら、二ケタどころか、最多勝のタイトルを獲っていてもおかしくなかった。

まず最速１５８キロを誇るストレートの球威が素晴らしい。まだ21歳だから、近い将来、１６０キロ超えも可能だろう。変化球も多彩で、カットボールとツーシームは１５０キロ前後、フォークとスライダーは１４０キロ台。まさにメジャークラスの高速変化球である。ここに１２０キロ台のカーブが時折混ざってくる。バッターはこのカーブが邪魔になって、高速変化球にバットを合わせるのが難しい。

山本のボールの威力を証明したのは西武戦だった。森友哉、秋山翔吾、中村剛也、山川穂高、外崎《とのさき》修《しゅう》汰《た》と揃う12球団最強の西武打線を相手に、1完封を含む2勝無敗。防御率０・３７の数字は特筆に値する。プレミア12でも勝利の方程式の一角を担い、防御率１・８０。まるでバリバリのメジャーリーガーが投げているようだった。

18 山本由伸 Buffaloes

侍ジャパンでの起用は中継ぎか、先発なのか

　恥ずかしながら、高校時代の山本由伸をまったく知らなかった。おそらく他球団もそれほど評価していなかったのではないか。でなければ、ドラフト４位で指名されるようなピッチャーではない。ちなみに同じ２０１６年ドラフトで１位指名された高校生に寺島成輝（ヤクルト）、藤平尚真（東北楽天）、今井達也（西武）がいるが、山本が頭１つどころか、頭３つは上を行く活躍を見せている。

　１年目は投球回数こそ少ないものの二軍で防御率０・２７と抜群の成績を残し、シーズン終盤に一軍に上がると１勝を挙げた。しかし、スタミナ不足を感じた山本は球数を減らすためにオフにカットボールを習得したという。カットボールやツーシームは手元で動き、バットの芯を外せるから、１球でバッターを打ち取ることができる。そんなボールの必要性を自分で判断する野球頭脳の良さ、それを簡単にマスターしてしまう器用さはプロで成功するには重要な資質である。

　２年目は首脳陣の方針でセットアッパーを務め、54試合に投げ、32ホールド。そして３年目に満を持して先発に転向したわけで、ここまでの歩みはすこぶる順調だ。

　あえて注文をつけるとしたら、スタミナだろうか。20試合に先発して完投が１つという

のは、いくら分業制が確立した時代とはいえ少し寂しい。山本ほどのカットボールやツーシームがあれば、球数を少なくして完投することは十分可能なはずだ。

もう1つは打線との兼ね合いもあるが、勝ち癖をつけること。せっかく好投しながら、勝ち星に恵まれないピッチャーを私は過去に何人も見てきた。防御率やＷＨＩＰという指標もあるが、やはりエースは勝ってナンボ。勝利に勝る喜びはない。

侍ジャパンの監督・稲葉篤紀《あつのり》はプレミア12と同様に東京五輪でも、山本をセットアッパーで起用する意向のようだ。私なら先発を任せてみたい。

コラム 2

東京五輪でいかにして金メダルを獲るか

日本がオリンピックで金メダルを獲ったのはわずかに1度。ソウルとアトランタでは銀メダルを獲得しているが、プロは不参加。プロが参加したのは2000年のシドニーからで、このときが4位。アテネでは銅、北京は4位だった。

プロが参加するようになってからのほうが成績が悪いのだから、OBの一人として寂しい限りだ。

東京五輪は日本プロ野球界の威信を賭けた戦いと言える。

ベンチ入りできるコーチは五輪では3人だ。金子誠、建山義紀、清水雅治が入るだろうが、この3人では稲葉に諫言できないのではないか。選手全員に睨みを利かせられるかどうかも疑問だ。できればチームの重しとなるコーチに入閣してもらいたい。私の理想は落合博満だが、現実的ではないので、伊東勤あたりが面白いと思う。

短期決戦では普段当たり前にやっていることをきちんとこなすことが何より重要だ。奇策は失敗の可能性が高い。なぜなら、選手はシーズン中とは別人のように気持ちが高揚している。いつもと違うことをさせようとすれば、力んで体が動かなくなる。

プレミア12との違いは選手登録が28名から24名に削減されることだ。選手の調子が悪くなっても、代替要員は少ない。日本らしいスモール・ベースボールの徹底が勝利への近道だ。

第3章

スター監督

巨大戦力を率いて
リーグ優勝8度

原　辰徳

GIANTS

83

DATA

所属	
読売ジャイアンツ	
監督年数	年齢
13年	61

通算打率	通算HR	通算打点
0.279	382本	1093点

身長	体重
180cm	86kg

監督勝敗数
1029勝 777敗
経歴
東海大相模 - 東海大

FA補強が成功したシーズンは強い

この20年で最も長く監督を務めたのが巨人の原辰徳《たつのり》である。２００２年から2年間、２００６年から10年間、さらに昨シーズンを含めると、実に13年間監督を務めた計算である。この間、リーグ優勝8回、日本一３回、Aクラス12回。監督としての通算勝利数は１０２９勝に及ぶ。これは史上13位。巨人一筋の監督としては川上さん、長嶋さんに次ぐ数字である。１０３４勝の長嶋さんを抜くのは時間の問題だ。

こうした数字だけ並べると、もはや名将の域にあるのだが、そうした声があまり上がらないのはなぜだろうか。

巷間言われるように、巨人というチームが資金力にものを言わせ、常に圧倒的に優位な戦力でペナントレースを戦っているからである。もちろん、戦力的に有利だからといって必ずしも勝てるわけではないのが野球だ。しかし、戦力的に明らかに劣っているチームを優勝に導いた指揮官こそ名将の称号がふさわしいのも事実である。かつての三原脩さんやノムさん、近年では中日を率いた落合博満がそうだった。

　原は監督1年目にいきなり日本一になっているが、このときは前任の長嶋さんから引き継いだ巨大戦力と勢いがあった。とりわけ二冠王に輝いた松井秀喜の存在は大きく、翌年、松井がメジャーに行ってしまったとたん、3位に転落している。2度目の監督に就任し、2007年から3年連続でリーグ優勝したときにはＦＡで日本ハムからやってきた小笠原道大《みちひろ》がいきなりＭＶＰの活躍を見せた。翌シーズンからはここにアレックス・ラミレスが加わり、打線の破壊力はさらに増した。

　3度目の監督に就任した昨シーズンは原自身の強い意向により広島の2年連続ＭＶＰの丸佳浩をＦＡで獲得。丸効果がなかったら、優勝していないだろう。それどころか、Ｂクラスになっていてもおかしくない。

　つまり、ＦＡで強打の野手を獲得している年は優勝しているのだ。事実、原ジャイアンツがリーグ優勝をした8度のシーズンを調べてみると、いずれもその年はチーム本塁打がリーグ1位となっている。空中戦でリーグを制する——まさに東京ドームという狭い球場ならではの地の利を生かした王道野球とも言えるだろう。

83 原　辰徳 GIANTS

DH制を導入しても、セはパに勝てない

２００７年に、私も原監督の下でコーチとして働いたことがある。そのときの印象は、とにかく策を講じるのが好きだということだ。それは昨シーズン、３度目の監督復帰を果たしてからも変わっていない。よく言えば、大胆に動いて流れを変えるタイプということだし、悪く言えば飽きっぽい。

だから、一軍と二軍の選手を頻繁に入れ替え、打順もどんどん変える。我慢して使うということはあまりしない。それが可能なのは豊富な戦力があるからだ。打順の組み替えがうまくハマったのが、「二番・坂本勇人、三番・丸佳浩」である。強打の丸を後ろに置くことで坂本のホームランは大幅に増え、出塁率の高い２人を上位に並べることにより初回の得点力が一気にアップした。先行逃げ切りは巨人の伝統野球である。

原はスクイズやダブルスチールといった奇策も好きだ。クライマックスシリーズの阪神との第２戦では一死一、二塁、バッター丸の場面、初球に亀井、坂本が走り、この後、丸が犠牲フライ、岡本がライトにタイムリーを放って勝負を決めた。実は、ペナントレースの開幕第３戦でも巨人は阪神相手にダブルスチールを仕掛けて成功させている。

こうした策が簡単に成功してしまうのが近年の野球かもしれない。今はピッチャーが

バッターをどう抑えるか、バッターはピッチャーをどう攻略するか、それしか考えない大味な野球が幅を利かせている。だから、原の奇策もまんまと成功した。

そんな巨人も日本シリーズではソフトバンクに成す術もなく4連敗で屈した。セ・リーグはこれでパ・リーグに7年連続で敗退。交流戦でも圧倒的に分が悪い。原はセもDH制を導入するように訴えているが、それだけでセがパに勝てるとは思わない。セとパの決定的な違いはスカウティングにある。いい素材を発掘し、それを育成する――プロとして当然のことができていないから、セはいつまでも経ってもパに勝てないのだ。

我慢強さと思い切りの良さで名門復活を

矢野燿大

「守りの野球」で本拠地の利を生かす

昨年、私は間違いなく阪神はAクラスには確実に入ると予想した。さらに、条件付きで優勝もあり得るという見立てだった。その条件とは藤浪晋太郎が2ケタ勝利を挙げること。結局、矢野燿大《あきひろ》率いる新生タイガースは、最後の最後に広島をかわして滑り込みでAクラス入りを達成したが、1位巨人とは6ゲーム差。期待の藤浪はとうとう一軍で投げることすらかなわずに終わった。

数字的には藤浪による10勝の上積みがあれば、阪神が優勝していてもおかしくはなかった。私はキャッチャー出身の矢野なら、藤浪の再生は可能だと踏んでいたのだが、まだ時間がかかるのだろうか。正直言って、藤浪の将来が心配である。素材としては球界のエースになるべきピッチャーなのだから。

Tigers

88

DATA

所属		
阪神タイガース		
監督年数	年齢	
1年	51	
通算打率	通算HR	通算打点
0.274	112本	570点
身長	体重	
181cm	78kg	
監督勝敗数		
69勝68敗		
経歴		
桜宮 - 東北福祉大		

この数年、阪神は投手力のチームだ。しかも昨シーズンはオリックスからＦＡで西勇輝、さらに前年に13勝を挙げた中日のオネルキ・ガルシアを獲得し、ピッチングスタッフはより強固になった。事実、チーム防御率３・４６は12球団一である。広い甲子園球場を本拠地とするメリットを生かすためにも、矢野が「守りの野球」にこだわったのは正解だ。しかし、野手が足を引っ張った。失策の数は１０２で、リーグ最少だった中日の倍以上。守りの野球を徹底するためにも、守備力の強化は大きな課題である。

もう一つの課題は近年、散々言われてきたように打線の活性化だ。とにかく長打を期待できる野手が育たない。助っ人も評判倒れが続いている。

それでも矢野は前監督の金本知憲に比べれば、我慢して選手を使い続けた。四番の大山がそうだった。しかし、すでに述べたように大山には四番の適正はないと思う。逆に、評価に値するのが近本光司、木《き》浪《なみ》聖《せい》也《や》の新人２人を開幕でいきなりスタメン起用したことだ。この大胆さ、思い切りの良さが矢野の持ち味かもしれない。

近本は新人王を獲ってもおかしくない成績を残した。とりわけ36盗塁でタイトルを獲得したのが光った。木浪も１００試合以上に出場し、今シーズンの飛躍が期待される。キャッチャーの梅野とともにセンターラインのかたちが見えてきた。残るピースは四番にふさわしい強打者である。こればかりは助っ人次第となりそうだ。

88 矢野燿大 Tigers

ガッツポーズはともかく、男泣きはほどほどに

私はプロ野球の監督は次の2種類に大別できると考えている。

①確固たる野球理論、野球観を持ち、選手をそこにはめ込んでいくタイプ

②現状のメンバーを見て判断し、その能力、個性を生かす戦い方するタイプ

わかりやすい例を挙げると、①の典型がノムさんだ。ミーティングを繰り返すことで選手を洗脳し、ＩＤ野球を叩き込んでいく。②は近鉄、オリックスで監督を務めた仰木彬さんだろうか。選手の力量、コンディション、相手投手との相性などを見た上で、大胆に打線を組み替えた。

では、矢野はどちらのタイプの指揮官なのか。

彼がミーティングで自分の野球理論を厳しく教えているという話は聞かない。それよりベンチで喜怒哀楽を正直に表現している姿を見ると、選手を型にはめるというより、伸び伸びプレーさせたいと考えているように思える。つまり、②のタイプである。

ただし、目指す野球ははっきりしている。それは「守りの野球」「機動力野球」だ。広い甲子園を本拠地に戦う以上、それが理に適っている。前述したように投手のレベルは高い。機動力野球は矢野が二軍監督時代から実践してきた。昨シーズンもチームで１００盗塁。

これは広島、巨人を大きく上回り、リーグ1位だった。

　試合中にガッツポーズをしたり、万歳して喜んでいる姿に対し、ノムさんはダメ出ししたらしいが、私はそれでベンチが盛り上がり、選手がついてくるなら、構わないと思う。ノムさんが監督していた時代と今とでは選手の考え方も野球観も違う。それより慎んでほしいのはよく泣くことだ。クライマックスシリーズのDeNA戦でも、6点差を跳ね返して逆転勝利すると、試合後の会見で涙を流し、声を震わせた。監督たる者、涙は優勝するまで取っておいてほしいと思うのは私だけではないはずだ。

若手を育てながら勝つ、21世紀の名将

栗山英樹

野村野球ではなく、三原野球の継承者

FIGHTERS 80

DATA

所属	
北海道日本ハムファイターズ	
監督年数	年齢
8年	58

通算打率	通算HR	通算打点
0.279	7本	67点

身長	体重
176cm	74kg

監督勝敗数
576勝542敗
経歴
創価 - 東京学芸大

ノムさんがヤクルトで指揮を執った時代の中心選手の多くが、今では球界の指導者となっている。ヤクルトの新監督の高津臣吾を始め、辻発彦（西武監督）、平石洋介（前楽天監督）、真中満（元ヤクルト監督）、侍ジャパンの稲葉篤紀を含めれば5人いる。

実は、栗山英樹もノムさんの下で現役最後の年にプレーしている。しかし、栗山自身はノムさんを野球の師とは考えていないはずだ。栗山は1989年に初めて規定打席に足りて、ゴールデングラブ賞を獲った。私がヤクルトのバッティングコーチに就任した年だ。その翌年に監督になったのがノムさんだった。ところが、ノムさんは栗山を使わない。もっぱら守備固めか代走要員だった。本人としては納得がいかなかったはずだし、右肘のケガや持病のメニエール病もあり、この年を限りにユニフォームを脱いでいる。

その後、栗山は20年以上を野球解説者として過ごしたわけだが、かなり勉強したようだ。読書家だからノムさんの理論も学んだはずである。しかし、栗山が尊敬する野球人は「魔術師」とも呼ばれた三原脩《おさむ》さんで、今も毎年オフには墓参している。

三原さんは私の近鉄時代の監督だったから、よく知っている。たとえば「遠心力野球」という考え方だ。著書『風雲の軌跡』（ベースボール・マガジン社）にこうある。

「求心力が〝管理〟を体質とするのに、遠心力は〝個性〟を尊重する。そこから生まれてくる相互信頼感を大切にしていく方式だ」

つまり、三原さんは人心掌握術を駆使して、個性や能力のある選手に働きやすい環境を与えていく野球を実践した。ここから稲尾和久、中西太、豊田泰光《やすみつ》といった野武士軍団が育った。栗山もまた、ダルビッシュ有、中田翔、大谷翔平、大田泰示といった個性あふれるプレーヤーを育てながら、巧みに操縦した。

栗山が選手との相互信頼感を築く上で大事にしているのはコミュニケーションだ。とにかく選手と話す。若い選手と接するときも、上から目線でものを言うのではなく、相手の立場に降りて行って、互いの溝を埋めていくタイプだ。そこはノムさんとはまるで違う。ノムさんは選手のレベルに降りて行って会話することはほとんどなかった。テレビや新聞などのメディアを通じて、選手を評価する手法をとっていた。

80 栗山英樹 FIGHTERS

常識にとらわれない柔軟性と決断力

栗山は昨年オフに日本ハムと契約を更新し、これで9年目のシーズンの指揮を執ることになった。大沢啓二さんの8年を抜き、球団最長である。過去8年間の成績はリーグ優勝2回（うち1度は日本一）、2位が1回、3位が2回、5位が2回、最下位が1回。

一見、成績が不安定なようにも見えるが、この間にはダルビッシュ有、大谷翔平らがメジャーへ、糸井嘉男《よしお》、陽岱鋼《ようだいかん》、増井浩俊ら主力選手が次々にＦＡで流出している。それを考えると、よく戦っているというのが私の実感である。逆に、これらの選手が全員残っていたら、とんでもない常勝軍団が形成されている。

もちろん、日本ハムは球団の方針としてポスティングやＦＡを容認している。年俸の高くなったベテラン選手をトレードに出したり、実績のある選手にはＦＡを認めた上で、次の世代の若手選手を育てながら優勝を目指していく。これができるのはスカウティングと育成システムがしっかりしているからだ。

こうしたチームづくりに栗山の指導者としての資質が見事にハマった。会った人ならわかるが、栗山は誰に対しても腰が低く、およそ従来の監督のイメージとはかけ離れている。そして、頭が柔らかい。決断力もある。「投手がいい」「いや打者一本でいくべきだ」と、

大谷翔平の育て方を巡って球界OBの意見が真っ二つに割れたときも二刀流の方針を貫き通し、そのままメジャーに送り出した。

従来の野球の常識にとらわれないところは三原さんに似ている。二番に強打者を持ってくるオーダーを初めて組んだのも三原さんだった。近鉄時代にも一番・永淵洋三《ながぶちようぞう》、二番・土井正博、三番・伊勢孝夫という打順を組んだことがある。栗山も二番に稲葉篤紀を置いたり、大田泰示を置いたりすることで、打線を活性化させた。

試合での采配もきめ細かい。私は落合博満と並ぶ21世紀の名将の一人だと考える。

スターが集結した
侍ジャパンの監督には適任

稲葉篤紀

人望に厚い「ミスターいい人」

私と稲葉篤紀とは1シーズンだけ師弟の関係にあった。私がヤクルトでバッティングコーチをした最後の年（１９９５年）が彼にとってのプロ1年目だった。とにかく真面目で練習熱心というのが稲葉の印象だ。規定打席不足ながら、ルーキーで3割をマークしたようにバッティングセンスには非凡なものがあった。翌年からはレギュラーに定着した。

ヤクルトで10年プレーした後、ＦＡでメジャー移籍を目指したが、どこからも声がかからず、結局、日本ハムに拾われるかたちで日本に残った。しかし、結果的にはこれが幸いし、日本ハムではヤクルト以上に活躍した。30代半ばで首位打者や最多安打のタイトルを獲得し、２００６年には日本シリーズのＭＶＰにも輝いた。

もう一つ、野球人・稲葉篤紀を語る上で重要なのは国際大会の経験だ。第２回、第３回

JAPAN

80

DATA

所属		
2017年より日本代表監督		
監督年数	年齢	
—	47	
通算打率	通算HR	通算打点
0.286	261本	1050点
身長	体重	
185cm	94kg	
監督実績		
2019年プレミア12優勝		
経歴		
中京－法政大		

とＷＢＣに2度出場し、北京オリンピックの代表にも選ばれている。日の丸を背負って戦う重圧や緊張感はそれを経験した者でなければわからない。稲葉はそのような修羅場を何度も戦ってきたのだから、これは強みだ。

人間的にも申し分ない。リーダーシップも人望もある。唯一の難点は、人が良すぎることだろうか。なにしろＷＢＣを一緒に戦った、あのイチローが「ミスターいい人」と呼んだくらいである。

辛口で鳴らすノムさんも、自分の教え子の中で監督をさせたい野球人として稲葉と宮本慎也を挙げている。私から見てもこの2人はリーダーにふさわしい野球の経験、知識、指導力があると思う。ただし、宮本は何事につけひと言多い。侍ジャパンの監督として各チームの主力選手をまとめる上で、必要な求心力を備えているのは稲葉のほうだ。

侍ジャパンの監督に決まった当初、稲葉がこれまでプロ野球チームを率いた経験が一度もないことを不安視する声があったが、私は心配しない。第4回ＷＢＣでコーチとして参加した経験もある。それに短期決戦と言っても、ＷＢＣや五輪と日本シリーズではまるで違う。国際試合で監督を経験した野球人など数えるほどしかいないのだ。

どんな名将も最初は監督経験などないところからスタートしてきた。もし、経験が足りないのなら、周囲のコーチがそれを補えばいいのである。

80 稲葉篤紀 JAPAN

本番でいかに非情に徹することができるか

12球団のスター選手を預かる以上、侍ジャパンの監督はどうしても選手に気を遣う。まずはケガをさせないこと。次にプライドを傷つけないことである。

プレミア12では秋山翔吾が日本代表強化試合で右足薬指を骨折するケガこそあったが、試合を重ねるごとにチームはまとまり、ベンチの雰囲気も良かったように見えた。稲葉も選手の気持ちを汲みながら、大胆かつ繊細な采配をしていた。

たとえば、強化試合の段階から調子の上がらなかった坂本勇人である。坂本は野手のリーダー格であり、稲葉も打線の核として考えていたはずだが、1次ラウンドのベネズエラ戦の2点ビハインドの8回裏、一死満塁の場面では坂本に代打・山田哲人を送った。これが功を奏し、6点を奪って逆転に成功している。

坂本もくさった様子は微塵もなく、スーパーラウンドのメキシコ戦では3安打と気を吐いた。シーズン中に慣れ親しんだ二番で起用した稲葉の采配が光った。

選手の表情を見ていても、稲葉を信頼しているのがわかる。「稲葉さんの下でプレーしたい」という選手が多いらしいから、スターが集結する侍ジャパンの監督には適任だったのではないか。こうした人望、信望のある人間が野球界にはいそうでいない。

国際試合で初見のピッチャーを打つのは苦労が伴う。データはあっても、打席に立って自分の目で球筋を見なければバッターはなかなか対応できない。だから、稲葉は機動力を重視し、足のスペシャリスト周東《しゅうとう》佑《う》京《きょう》をメンバーに入れたのだろう。勝負どころでの周東の使い方には稲葉が目指す野球がよく表れていた。選手を見る目も確かだ。

しかし、プレミア12は東京五輪の前哨戦でしかない。本番でいかに非情になれるかである。北京五輪の星野仙一は非情に徹することができずに失敗した。「いい人」だけで終わらない、稲葉のしたたかさ、ずる賢さが問われている。

コラム 3

「究極のベストナイン」はこれだ！

一番頭を悩ますのはピッチャーだ。

金田正一さん、稲尾和久さん、杉浦忠さん、米田哲也さん、小山正明さん、池永正明、山田久志、江夏豊……と、私が現役で対戦したピッチャーだけで候補は何人もいる。コーチになって以降だと、江川卓、斎藤雅樹、田中将大、ダルビッシュ有、大谷翔平あたりだろうか。それでもやはり稲尾さんを推す。私が対戦したのはすでに晩年だったが、スライダー、シュートのコントロールは天下一品だった。

キャッチャーは私の師匠であるノムさんか、その教え子である古田敦也のどちらか、ファーストとサードは王さん、長嶋さんで決まりだ。対抗馬は、ファーストは落合博満、サードは中西太さんだろうか。

二遊間は守備で選ぶか、打力で選ぶかで顔ぶれが変わってくる。守備だけなら鎌田実、吉田義男の阪神コンビだが、打力を考えれば、山田哲人、坂本勇人の現役コンビが面白い。

打力優先ならセカンド・落合もある。しかし本職ではないから守備には目をつぶらなければならない。

外野も打つだけではなく、守備力を重視したい。福本豊、イチローは足が速く守備範囲が広い。この2人が一、二番を組んだら、相手バッテリーにはかなりのプレッシャーがかかるはずだ。レフトは秋山幸二。本来はセンターだが、秋山なら容易にこなすだろう。イチロー、福本、秋山と並んだ外野陣は壮観だ。DHは張本さんを推したい。

著者

伊勢 孝夫（いせ たかお）

1944年生まれ。現役時代は勝負強い打撃で「伊勢大明神」と呼ばれ、近鉄、ヤクルトで活躍。現役引退後はヤクルトで野村克也監督の下、打撃コーチを務め、ID野球を実践し92、93、95年の3度の優勝に貢献。その後、近鉄や巨人でもリーグを制覇し優勝請負人として名高い。昭和、平成の50年にわたり、プロ野球に人生を捧げた伝説の名コーチ。現在、プロ野球解説、評論家として活躍する一方、大阪観光大学・特別アドバイザー、ノースアジア大学外部コーチとして大学野球の指導者としても活動中。著書に『伊勢大明神の「しゃべくり野球学」』（双葉社）がある。

構成

米谷 紳之介（こめたに しんのすけ）

1957年生まれ。文筆業。守備範囲は映画、スポーツ、旅、人。著書に『老いの流儀 小津安二郎の言葉』（環境デザイン研究所）、『プロ野球 奇跡の逆転名勝負33』（彩図社）他。構成・執筆を務めた書籍に関根潤三『いいかげんがちょうどいい』、稲葉篤紀『躍る北の大地』（共にベースボール・マガジン社）、野村克也『短期決戦の勝ち方』（祥伝社）、伊勢孝夫『伊勢大明神の「しゃべくり野球学」』、梅宮辰夫『不良役者』（共に双葉社）他多数。

ID野球の継承者　伊勢孝夫の
プロ野球スーパースターはココを見ろ！

2020年3月19日　初版発行

著　者　伊勢孝夫
構　成　米谷紳之介
発行者　佐久間重嘉
発行所　学 陽 書 房
〒102-0072　東京都千代田区飯田橋1-9-3
営業部／電話　03-3261-1111　FAX　03-5211-3300
編集部／電話　03-3261-1112　FAX　03-5211-3301
http://www.gakuyo.co.jp/
振替　00170-4-84240

イラスト／藤井昌子
ブックデザイン／スタジオダンク
DTP制作・印刷／精文堂印刷
製本／東京美術紙工

ISBN 978-4-313-81608-4 C0095
乱丁・落丁本は、送料小社負担でお取り替え致します。